Parke und wandere · Pfalz

Buchreihe:
Parke und wandere
Band I

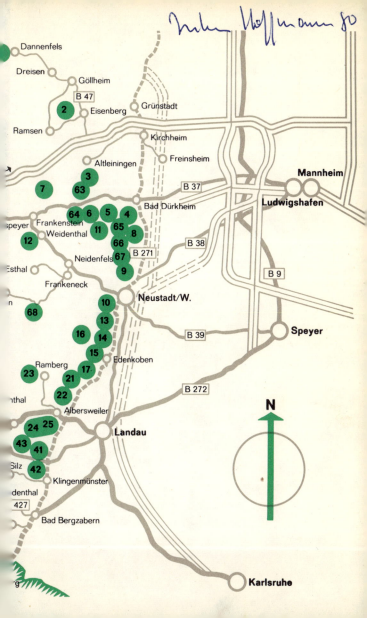

WALTER RÜGNER

Parke und wandere Pfalz

*68 Fußwanderungen
für Autofahrer
entlang der Weinstraße und
im Naturpark Pfälzerwald*

*Mit 41 Zeichnungen
von Rudolf Klein
und 66 Wanderskizzen
von Gustav Heinold*

SÜDWESTDEUTSCHE
VERLAGSANSTALT
GMBH & CO. MANNHEIM

7. auf den neuesten Stand gebrachte Auflage 1. November 1975

© 1967 Verlag Dr. Haas KG, Mannheim / 1972 Südwestdeutsche Verlagsanstalt GmbH & Co., Mannheim · Alle Rechte vorbehalten. Printed in Germany · Der Titel „Parke und wandere" wird mit Genehmigung des Sauerland-Verlages in Iserlohn geführt · Umschlagbild: Alf Rapp, Landau · Übersichtskarten auf dem Vorsatz: Gustav Heinold, Karlsruhe · Gesamtherstellung: Mannheimer Morgen Großdruckerei und Verlag GmbH, Mannheim · Buchbinderei: Wilh. Osswald & Co., Großbuchbinderei, Neustadt/Weinstraße
ISBN 3 87804 016 4

Vorwort

Viele Menschen, besonders die in den großen Städten wohnenden, sind darauf angewiesen, sich in der unberührten Natur zu erholen, um ihre physische und seelische Gesundheit zu erhalten. Ihnen muß die Möglichkeit geboten werden, aus der bedrückenden Dunstglocke von Abgasen und aus der lauten Masse in die Stille von Wald und Feld zu finden.

In schier idealer Weise erfüllt der Naturpark „Pfälzerwald" alle dafür erforderlichen Voraussetzungen. Die Weinstraßenlandschaft mit ihren freundlichen Dörfern und ihrem beinahe südländischen Gepräge lädt zur Einkehr ein. Der Wasgau entzückt das Auge durch die reizvolle Mischung sanfter Hügel mit eigenartigen bizarren Felsengebilden und breiten Wiesentälern. Der eigentliche, rund 127 000 ha große Pfälzerwald schenkt Ruhe und Einsamkeit, aber auch durch die Vielgestaltigkeit seiner Waldbestände abwechslungsreiche und schöne Bilder.

Dies ist die Landschaft, durch die der Verfasser des vorliegenden Büchleins führen will. In 68 Vorschlägen bietet er dem Interessenten reichhaltig Möglichkeiten, die herrliche Pfälzer Waldlandschaft in kürzeren oder längeren Wanderungen kennenzulernen. Die Beschreibung der Wanderungen verrät nicht nur die Kenntnis des Verfassers von Weg und Steg, sondern auch der Geschichte des Landes und seiner Leute. Die recht anschaulichen, oft humorvollen Schilderungen reizen zur Lektüre selbst dann, wenn die Wanderung nicht gerade akut sein sollte. Daß der Verfasser insbesondere die sogenannten Autowanderer anspricht, hat seine begreifliche Ursache darin, daß diese – meist aus den industriellen Ballungsräumen kommend – die weitaus überwiegende Zahl der Besucher des Naturparks ausmachen.

Wer es unternimmt, nach diesem Büchlein zu wandern, darf die Gewißheit haben, die schönsten Teile des Naturparks Pfälzerwald kennenzulernen, und er kann darüber hinaus sicher sein, der Gesundheit seines Leibes und seiner Seele zu dienen. Dem Verfasser gebührt für seine Mühe und Umsicht bei der Aufstellung des Wanderführers, aber auch für seine erkennbar große Liebe zur pfälzischen Landschaft Dank und Anerkennung. Möge dem Büchlein, auf daß es seinen Zweck erfülle, eine große Auflage beschieden sein.

Neustadt/Weinstraße

Keller
Regierungspräsident

Zu den Wandervorschlägen

Der nunmehr bereits in der siebten Auflage erscheinende erste Band der Reihe „Parke und wandere" hat in wenigen Jahren eine weite Verbreitung gefunden und offensichtlich den großen Personenkreis zum Pfalzwandern animiert, der zwischen den strengen Wanderern und den Leuten liegt, die am liebsten keinen Fuß vor die Tür setzen.

Bei letzteren verbleibt es ohnehin beim sonntäglichen Parkspaziergang zwischen Mittagessen und Kaffeetrinken. Und auch die zünftigen Wanderer sollen nicht davon bekehrt werden, morgens um 6.41 Uhr am Bahnhof abzufahren, mit Rucksack und Generalstabskarte 25 km durch die schöne Natur zu laufen und abends um 19.32 Uhr müde, aber glücklich zurückzukehren.

Die Mehrzahl der Mitmenschen will aber weder das eine noch das andere. Wer fährt nicht gern am Sonntag nach dem Morgenkaffee mit dem Auto für einen halben oder ganzen Tag in die Natur hinaus, zumal dann, wenn sie sich in einer so herrlichen Ausgabe präsentiert wie gerade in der Pfalz?

Da aber die Pfalz eine sehr verschlossene Schöne ist, enden diese Ausflüge meistens damit, daß man den Wagen dort abstellt, wo schon hundert andere stehen, und dort spazieren geht, wo tausend andere das gleiche tun.

Das ist schade, denn gerade der Naturpark Pfälzerwald bietet eine Reihe von ungewöhnlich schönen und stillen Kurzwanderungen mit Rückkehr zum abgestellten Auto. Man muß nur wissen, wo sie liegen.

Zu diesem Zweck wurde dieser kleine Führer geschrieben, und zu diesem Zweck werden die einzelnen Beschreibungen vor jeder Neuauflage immer wieder überprüft und an geänderte Verhältnisse angepaßt.

Der Verfasser

Für die 7. Auflage wurden die Wanderstrecken erneut überprüft und die Beschreibung den neuen Verhältnissen angepaßt. Die alten Ortsnamen wurden in dieser Auflage bewußt beibehalten, da sie nach wie vor als Ortsteile namentlich bestehen, und der Wanderer sich daher leichter orientieren kann.

Straßen-, Wegführungen, Wegzeichen und Park- oder Abstellplätze für Autos sind in dauerndem Fluß. Wir dürfen daher auch künftig um Mitteilungen aus dem Leserkreis bitten.

Die Wandervorschläge   Seite

Raum Grünstadt – Bad Dürkheim:

1	Über den Donnersberg	13
2	Von Ramsen zum Rosenthaler Hof	17
3	Ins Leiningerland	20
4	Bad Dürkheimer Waldwanderung	25
5	Von der Hardenburg-Ruine zum Forsthaus Kehrdichannichts	30
6	Vom Forsthaus Saupferch auf den Drachenfels	34
7	Frankenstein und Umgebung	38
8	Deidesheim	42

Raum Neustadt/Weinstraße:

9	Von Neustadt über die Wolfsburg auf das Weinbiet	46
10	Neustadt – Königsmühle – Hellerplatz – Königsberg	50
11	Von Neidenfels zur Lambertskreuzhütte und zurück	54
12	Im Pfälzerwald vermißt ...	58
13	Vom Hambacher Schloß zur Hohen Loog	62
14	Kalmitgipfel, Hellerplatz, Totenkopfstraße und Ruine Spangenberg	66
15	Ludwigshöhe – Rietburg – Hüttenbrunnen – Kropsburg	70

| 16 | Schänzel-Turm und Forsthaus Heldenstein | 74 |
| 17 | Annakapelle, Teufelsfelsen und Bischofskreuz | 78 |

Raum Johanniskreuz:

18	Rund um Johanniskreuz	83
19	Von Johanniskreuz ins Karlstal	88
20	Von Johanniskreuz nach Taubensuhl	92

Von der B 10 aus:

21	Geilweiler Hof, Ruine Scharfeneck und Ruine Meistersel	96
22	Orensberg, Zimmerplatz und Ringelsberghütte	100
23	Nach Ramberg und auf die Ramburg	104
24	Annweiler Drei-Burgen-Wanderung	108
25	Von der Kaiserkrone zu Max Slevogt	112
26	Zum Annweiler Forsthaus und nach Hofstätten	116
27	Von Rinnthal zur Wilgartisburg	119
28	Das Stephanstal bei Hauenstein	123
29	Ein Spaziergang auf die Falkenburg	127
30	Ins Zieglertal	131
31	Von Kaltenbach zum Merzalber Schloß	134
32	Hermersberger Hof und Luitpoldturm	138

33	Rings um den Ringelsberg	142
34	Durch die Hirschalbklamm	145
35	Von Waldfischbach auf die Heidelsburg	148
36	Forsthaus Beckenhof und Felsentor	151
37	Von Erlenbrunn auf die Hohe List	154
38	Gerspachtal und Teufelsfels	157
39	Rosengarten und Rosenhof	160
40	Klosterruine Wörschweiler und Schlangenhöhle	163

Raum Eschbach – Klingenmünster:

41	Zur größten Burgruine der Südpfalz	167
42	Heidenschuh, Martinsturm und Landeck	171
43	Hahnsteine und Rehberg	175
44	Die Rötzenberg-Dimberg-Tour	179

Raum Bad Bergzabern:

45	Von Dörrenbach zur Ruine Guttenberg	182
46	Zum Lindelbrunner Schloß	187
47	Zur einsamen Hirzeck-Hütte	190
48	Durch das Seehoftal zur Burg Berwartstein	193
49	Auf einen stillen Pfälzer Waldberg	197
50	Drei Burgen, zwei Höfe und ein Maler	200

51	Drei Elsässer Raubritternester	204
52	Zur Ruine Blumenstein und auf den Maimont	208
53	Der Eppenbrunner Felszirkus	212

Raum Dahn:

54	Römerfelsen und Jungfernsprung	217
55	Von Dahn zur Burgruine Neu-Dahn	221
56	Von Dahn zum Reinighof	224
57	Zu den hohlen Felsen auf dem kleinen Mückenkopf	228
58	Von Erfweiler zur Winterbergkapelle	231
59	Von Busenberg zur Ruine Drachenfels	234
60	Von Lemberg zum Maiblumenfelsen	238
61	Burg Lemberg und Vorburg Ruppertstein	241
62	Von Lemberg über die Rotenbergfelsen zu Keims Kreuz	245

Sechs großstadtnahe Wanderungen

63	Vom Isenachweiher nach Hertlingshausen	248
64	Die Umrundung des Stüterkopfes	252
65	Vom Forsthaus Rotsteig auf den Eckkopf	255
66	Zur Deidesheimer Hütte	259
67	Über den Stabenberg	262
68	Forsthaus Heldenstein und Schuhmacherstiefel	265

Wandervorschlag 1

Über den Donnersberg

Ausgangsort: Dannenfels
Gehzeit: um 4 Stunden
Einkehr: Falkenstein
Anfahrt: MA–LU 60 km

Turner und Wanderer lebten und wirkten früher unter dem Zeichen der vier F: frisch, fromm, fröhlich und frei.
Wohlstand und Wohlleben unserer Tage drohen jedoch zu einer Entartung dieser vier F zu führen – etwa mit der Tendenz zu Faulheit, Filzpantoffeln, Flaschenbier und Fernsehen.
Wenn wir nun darangehen, dieses Übel mit einem ersten Wandervorschlag zu bekämpfen, dann sollen als Gnaden- und Übergangslösung zunächst nur zwei der modernen F, nämlich die beiden ersten, gestrichen werden. Denn unsere Wanderung läßt sich mit Faulheit überhaupt nicht und in Filzpantoffeln jedenfalls nur sehr schlecht durchführen. Dagegen darf das Flaschenbier noch mitgenommen werden, und mit dem Fernsehen halten wir es so: Sie werden zwar von der Bildröhre weggelockt, aber dafür wenigstens auf den Donnersberg, wo der Südwestfunk sein Fernsehprogramm ausstrahlt! Den Ausgangsort Dannenfels dürfen Sie selbstverständlich mit dem Auto ansteuern.

Man fahre also über die ins Saarland gehende Autobahn bis Wattenheim – Hettenleidelheim und ab Ausfahrt über Hettenleidelheim – Eisenberg – Göllheim nach Dreisen. Dort biegt am Ortsanfang rechts eine Straße zur Obstanbaugemeinde Dannenfels ab.

Eine beschilderte Höhenstraße bringt den Wagen vom Ort zum Plateau des Donnersberges mit dem Ludwigs- und dem Fernsehturm. Oben treffen wir einen großen Parkplatz an, der bis 19 Uhr (gebührenpflichtig, versteht sich) bewacht und nach 19 Uhr auch kein Treffpunkt der Autodiebe ist.

Ab dort kommt dann der Wanderschuh zu seinem Recht.

Zuerst schlendern wir zum über hundert Jahre alten Ludwigsturm und suchen unter den dort angebrachten Schildern das mit dem roten Strich, das verspricht, uns über den Königsstuhl nach Falkenstein zu bringen. Alternativ zum nicht immer sichtbaren Wegzeichen können Sie auch folgende Beschreibung benutzen:

Vom Ludwigs- geht's zum Fernsehturm, in dem u. a. 1000 Tonnen Beton und 300 Tonnen Baustahl stecken. Vor ihm läuft man nach rechts und sofort wieder nach links am Eingang vorbei und weiter in Richtung US-Radio-Station. Ab dort kehren wir der Technik den Rücken und bummeln auf einem Wanderweg zu einem Felsklotz neben einem abgestorbenen Baum hinüber.

Das ist indessen kein gewöhnlicher Fels, sondern der Königsstuhl, mit 687 Metern der absolut höchste natürliche Punkt der Pfalz. Wer sie liebt, kann nicht umhin, schnell hinaufzuklettern und das Gefühl auszuko-

sten. Es wird allerdings jäh zerstört, sieht man zum 207 Meter hohen Fernsehturm zurück.
Ab Königsstuhl begeben sich Pfad und roter Strich ins Gelände. Wir tauchen in den im Zentrum noch ziemlich unberührten Wäldern des Donnersberg unter und lassen uns in 1½ bis 2 Stunden hinüberführen zum Gegenpunkt Falkenstein im gleichnamigen Tal.

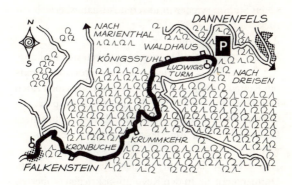

Der hochromantische Ort mit seiner zyklopischen Burg und den vielfach zutage tretenden kahlen Felskuppen wurde unverständlicherweise weder von den Landschaftsmalern des 19. noch von den Filmproduzenten des 20. Jahrhunderts entdeckt!
Uns selbst lassen die bis hierher zurückgelegten 7 Wanderkilometer den Ort als Raststation hochwillkommen erscheinen.
In früheren Jahren war die Bedeutung Falkensteins weniger profan. Die Liste der Burgherren und

-mitbesitzer umfaßt u. a. so illustre Namen wie den Reichskämmerer Philipp von Falkenstein, den deutschen König Richard von Cornwallis (Zeitalter des Interregnums) und sogar den deutschen Kaiser Franz I., den Gatten der Kaiserin Maria Theresia. Falkenstein gehörte somit eine Zeitlang sogar zu Österreich. – Nach einer besinnlichen Rast gehen wir mit dem roten Strich wieder zurück und kommen bei der amerikanischen Station wieder in unseren Ausgangsbereich zurück.

Apropos US-Station:

Für den guten alten Donnersberg haben sich im Laufe der Geschichte schon viele Mächte interessiert. Bereits die Kelten errichteten vor der Zeitwende einen noch heute erkennbaren Ringwall, in den jedoch später die Germanen und noch später die Römer einbrachen. Österreicher und Amerikaner haben wir bereits erwähnt.

Den größten Tort aber fügten die Franzosen dem Donnersberg zu. In den Revolutionskriegen eroberten sie bekanntlich alle linksrheinischen Gebiete und bauten sie, gründlich wie Revolutionäre nun einmal sind, gleich nahtlos ins Mutterland ein. Der Donnersberg mit seiner Umgebung wurde in diesem Zusammenhang kurzerhand hum Departement „Monttonnerre" gemacht!

Aber er hat auch das überstanden.

Wandervorschlag 2

Von Ramsen zum Rosenthaler Hof

Ausgangsort: Ramsen
Gehzeit: ca. 1 Stunde
Einkehr: Rosenthaler Hof
Anfahrt: MA – LU 50 km

Ob man zum ersten oder zum zehnten Mal durch den Wald zum ehemaligen Kloster Rosenthal wandert – das Erlebnis der schönsten Pfälzer Gotik in ländlicher Abgeschiedenheit ist jedesmal gleich stark.
Um daran teilzunehmen, brausen wir auf der Autobahn Mannheim – Saarbrücken bis zur Ausfahrt Wattenheim – Hettenleidelheim. Im zuletzt genannten Ort fährt man links ab nach Ramsen. Dort lohnen die Reste des früheren Zisterzienserklosters Ramosa links im Ort auf dem Klosterhügel einen Abstecher.
Anschließend suchen wir am Ortsausgang die nach Göllheim führende Straße und klettern auf ihr mit dem Wagen hoch zum Göllheimer Häuschen, einem Bauernhof mit Wirtschaft.
Von hier aus geht's auf der anderen Straßenseite zu Fuß weiter, und zwar mit Hilfe des Wegzeichens weißer Strich mit schwarzem Punkt. Der Gang hinunter zum Rosenthaler Hof nimmt höchstens eine halbe Stunde in Anspruch.

Den Zeitgewinn des kurzen Weges wollen wir dazu verwenden, uns das alte Kloster möglichst genau anzusehen. Für den Gegenwert von zwei Zigaretten darf man in die stimmungsvolle Kirchenruine eintreten und bekommt zudem noch ein Modell der früheren Anlage

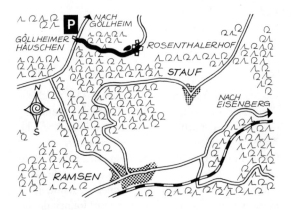

sowie zwei alte Kanonen gezeigt. Die alten Grabplatten mit den Bildnissen der Äbtissinnen sind sehr eindrucksvoll.

Das Kloster wurde 1241 gestiftet und spielte schon 1298 während der Schlacht bei Göllheim eine wichtige Rolle als Hauptquartier Albrechts von Österreich. Anschließend war es elf Jahre lang Grabstätte des dort gefallenen deutschen Königs Adolf von Nassau.

Im ausgehenden Mittelalter hingegen war aus dem Ort der Besinnung eine Art fideles Kloster geworden, weshalb sich um diese Zeit sogar der Papst einmal veranlaßt sah, einen Maßhalte-Appell nach Rosenthal zu richten. –

In jüngster Zeit wurden die alten Mauern wieder aufgewertet: Maria Neubecker, Leiterin eines Wormser Waisenfamilienheims, hat den Hof als Erholungsstätte für ihre Kinder und als Betätigungsfeld für ihr Hobby, die Restaurierung alter Baudenkmäler, entdeckt. Mit Unterstützung gelang es ihr bereits, das bis vor kurzem noch als Stallung benutzte ehem. Refektorium mit seinen frühgotischen Kreuzgewölben wieder zur Kapelle umzugestalten. – Anschließend wandern wir zum Göllheimer Häuschen zurück. Von dort sind es mit dem Wagen dann noch 6 Kilometer bis Göllheim.

Der erstmals 819 erwähnte Ort bietet aus dem 15. Jahrhundert einen Wehrturm mit Schießscharten und aus dem 18. Jahrhundert zwei Stadttore und das Rathaus. Nummer 1 der Stadtbesichtigung ist jedoch das Königskreuz am Hasenbühl mit den Resten einer uralten Ulme. Am Hasenbühl fand am 2. Juli 1298 die Entscheidungsschlacht zwischen dem wenige Tage zuvor abgesetzten deutschen König Adolf von Nassau und dem Gegenkönig Albrecht von Österreich statt. Durch Niederlage und Tod Adolfs verlagerte sich die deutsche Königsmacht damals nach Österreich. –

Der Königin Imagina, Gemahlin Adolfs von Nassau, wird die Errichtung des heute leider stark verwitterten Gedenkkreuzes zugeschrieben, das erst 1836 überbaut wurde.

Wandervorschlag 3

Ins Leiningerland
Ausgangsort: Altleiningen
Gehzeit: 2 Stunden
Einkehr: Alt- oder Neuleiningen
Anfahrt: MA – LU 50 km

Die Grafen von Leiningen, deren früheres Hoheitsgebiet heute und in den folgenden Wanderungen besucht wird, spielten im politischen Leben der Pfalz von 1100 bis etwa 1800 eine große Rolle.
Die für die Wanderung zum Ungeheuersee angegebene reine Gehzeit von 2–3 Stunden darf aber nicht darüber hinwegtäuschen, daß man ganz hübsch zu tun hat, will man das Leiningerland in einem Tag erforschen!
Vom Rhein-Neckar-Raum fahren wir auf der B 37 in Richtung Bad Dürkheim bis hinter Birkenheide und ordnen uns dort in die nach rechts abbiegende Straße Erpolzheim – Freinsheim ein.
In Freinsheim geraten wir dann direkt ins Mittelalter: Unsere Straße nach Grünstadt führt durch das mächtige „Eisentor" der alten Stadtmauer ins Innere mit dem eigenartigen Rathaus.
Dort sollte man seinem Wagen etwas Ruhe und sich selbst den Spaziergang an den alten Befestigungen entlang gönnen.

Die vor nahezu 1200 Jahren gegründete Stadt gehörte früher zur Kurpfalz und lag in der Zeit der politischen Aufsplitterung als „Faust im Nacken" in einer kurpfälzischen Grenzausbuchtung gegen die Grafschaft Leiningen.
Unser nächstes Ziel, das um hundert Jahre jüngere Grünstadt, liegt dagegen schon im Leiningerland und war eine Zeitlang sogar Residenzstadt. Hiervon zeugen noch die Gebäude des Oberhofs und des Unterhofs.
Nach einer Stadtrundfahrt nimmt uns die Landstraße in Richtung Hettenleidelheim – Altleiningen auf. Aber

schon im nächsten Ort, in Sausenheim, müssen wir wieder eine Pause einlegen, um den dort in der evangelischen Kirche untergebrachten, 800 Jahre alten romanischen Taufstein des früheren Klosters Höningen anzusehen.
Das Vollgasgeben lohnt sich jetzt ohnehin nicht mehr.

Mit Sicherheit werden etwa anwesende Fotografen den Fahrer sofort hinter Sausenheim wieder zum Anhalten zwingen, um die grandiose Kulisse der Ruine Neuleiningen auf den Film bannen zu können.

Altes Tor in Freinsheim

Einen Kilometer weiter und etwas höher sind wir dann in Neuleiningen und betrachten das Bild aus der Nähe. Die von 1238 bis 1689 bewohnt gewesene Burg war

u. a. Sitz der energischen Gräfin Eva von Leiningen, die 1525 Neuleiningen durch persönlichen Mut vor der Zerstörung rettete.

Die heutigen Sehenswürdigkeiten sind ein besteigbarer Turm, die alte gotische Dorfkirche (die frühere Burgkapelle) mit Gräbern der Leininger und die außerordentlich stilvolle Burgschenke, sicher eine der schönsten der Pfalz und eine Attraktion für einheimische und mitgebrachte Gäste.

Von Neuleiningen aus geht's wieder ein Stück auf der Straße zurück und nahe beim Standort der Fotografen nach rechts hinunter in Richtung Hertlingshausen – Altleiningen. Nach 6 km erleben wir an einer Kurve die überraschende Konfrontation mit der hochliegenden Ruine Altleiningen.

Die Bezeichnung als Ruine stimmt allerdings nicht mehr ganz. Sie wurde inzwischen vom Landkreis Frankenthal zum Jugendheim ausgebaut, wodurch wieder Leben in die bei der Zerstörung 1689 übriggebliebenen 150 Fenster (von ehemals 365) kommt. Am Ortsanfang zieht ein Fußpfad, am Ortsende führt eine beschilderte Autoauffahrt hinauf zum um 1100 erbauten ältesten Stammsitz der Leininger Grafen. Nach Besichtigung der Burg und des lokal berühmten 20-Röhrenbrunnens in der Ortsmitte beim Schulhaus fährt man wieder 1 km rückwärts, bis rechts die Straße nach Höningen abzweigt. Wir benutzen sie nicht ganz bis zu diesem Ort (mit einer alten Klosterruine), sondern nur bis zu einem links im Wiesental stehenden Schild, welches das Gasthaus „Zum Jagdschloß" ankündigt. Dort lenkt man nach links auf einen Waldparkplatz,

und von ihm aus geht die abschließende Fußwanderung zum Ungeheuersee los.
Leitzeichen ist heute das symbolhafte grüne Kreuz. Mit ihm laufen wir durch eine Schranke und beginnen über einen Holzabfuhrweg mit dem Aufstieg. Er bringt uns in gleichmäßiger Steigung, an großen Sandsteintrümmern vorbei, nach einer halben Stunde zu einer kleinen Hochfläche, wo sich dem grünen Kreuz noch der weiß-blaue sowie der weiß-rote Doppelstrich zugesellen. Wir folgen den Farbstrichen in Richtung Lindemannsruh', bis schließlich das grüne Kreuz nach links hinunter zum See, an dem sich eine kleine Waldwirtschaft befindet, abbiegt.
Der Ungeheuersee kann nichts für seinen Namen. Er möchte vor allem nicht mit dem legendären Loch Ness verwechselt werden: Die größten in ihm lebenden Ungeheuer sind Frösche. Von ihrem Gequake abgesehen, ist es in diesem Naturschutzgebiet so friedlich, daß man fast den Rückweg vergißt.
Schließlich kehren wir doch auf genau dem gleichen Weg – vielleicht sogar beim Abstieg ab Hochfläche im fröhlichen Trimm-Trab? – zum Wagen zurück und fahren bei Neuleiningen auf die Autobahn. Vorher, kurz vor dem Verlassen des Leininger Tals, genießt man noch mit dem Anblick der links aufragenden Burg und Dorf Neuleiningen eine der schönsten Silhouetten der ganzen Pfalz.

Wandervorschlag 4

Bad Dürkheimer Waldwanderung

Ausgangsort: Bad Dürkheim
Gehzeit: 2–3 Stunden
Einkehr: Naturfreundehaus Pferchtal
Anfahrt: Ma – LU 30 km

Das Arsen-Solbad Dürkheim übt eine geheimnisvolle Anziehungskraft aus. Sie erfaßt so verschiedenartige Typen wie Hautkranke und Geschwächte, Spieler und Trinklustige sowie kunstgeschichtlich Interessierte und Wanderer.
Die erste Gruppe sei an die heilkräftigen Quellen, an die Sanatorien und an den Gradierbau im schönen Kurgarten verwiesen. Für die zweite Abteilung sind im September das größte Weinfest der Welt, der Dürkheimer Wurstmarkt, und ganzjährig am Wurstmarktgelände das größte Faß der Welt sowie die nahegelegene Spielbank zuständig. Den Liebhabern der Kunst und des Wanderns ist dieser Aufsatz gewidmet.
Erster Höhepunkt unserer Führung ist die schon bei der Anfahrt von der B 37 aus sichtbare evangelische Kirche, ein gotischer Bau aus dem 14. Jahrhundert mit angebauter Gruftkapelle der Grafen von Leiningen (rechts von der Straßenkreuzung in der Ortsmitte). Mit dem Wagen geht es von dort auf die B 271 in Richtung Neustadt. Auf einer noch innerhalb des Ortes lie-

genden Straßenhöhe kurven wir hinter einer Tankstelle nach rechts und steuern das ausgeschilderte Seebach an.

In der Dorfmitte muß dann – die Eingeweihten lächeln – nach links geblinkert werden, denn es ist rein unmöglich, am 500 Jahre alten „Käsbüro" vorbeizufahren.

Aber nicht nur wegen der renommierten Gaststätte selbst.

Sie befindet sich nämlich im Äbtissinnenhaus des früheren Klosters Seebach. Die Bauern lieferten dort ab 1638 den Käse-Zehnten an die Pfalzgrafen ab und tauften das Gebäude auf ihre Art um – wie man sieht, mit nachhaltigem Erfolg!

Heute wird dort Besseres als nur Käse serviert. Trotzdem sollte man die direkt hinter dem Gasthaus stehende, um 1200 erbaute Klosterkirche nicht versäumen (Schlüssel im Haus Nr. 5).

Obwohl es sich dabei nur um Chor und Vierung der früheren, größeren Klosterkirche handelt, haben wir doch eines der ganz großen Zeugnisse der romanischen Baukunst in der Pfalz vor uns. Auch das Innere ist sehenswert.

Vom Käsbüro fährt man ein Stückchen in Richtung Bad Dürkheim zurück; an der Einmündung in die Ankunftsstraße biegen wir scharf nach links und setzen die Bergfahrt durch das Villenviertel des Hammeltals bis zu einem Schild „Klosterblick" fort. Dort müssen Sie nochmals aussteigen und zum Abschluß des kunstgeschichtlichen Teils hinüberschauen zur frühromanischen Klosterruine Limburg.

Im 13. Jahrhundert gewährte die Äbtissin des Klosters Seebach dem Abt von Limburg ein Darlehen von einigen tausend Gulden (womit aber nicht gesagt werden soll, daß die Frauen immer besser mit Geld umgehen können als die Männer!). Zur Sicherheit verpfändete Limburg an Seebach umfangreiche Waldungen. Wegen dieser Finanzmanipulation kam es dann noch an-

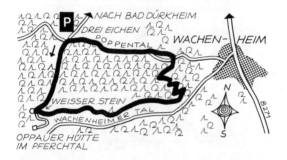

fangs unseres Jahrhunderts zu einen fünfzigjährigen Prozeß zwischen den Gemeinden Bad Dürkheim und Seebach.
Nach dem Klosterblick rollen wir unentwegt auf der enger werdenden Teerstraße weiter bis zum großen Parkplatz am Waldplatz Drei Eichen. Dort beginnt dann das heutige Naturerlebnis.
Ein nach links unten zeigendes Schild „Naturfreunde Oppauer Haus" (darunter vier Wegzeichen) leitet die Wanderung ein. Wir lassen uns vom weißen Strich mit schwarzem Punkt ins Poppental hinunter und auf der

anderen Seite wieder durch herrlichen Wald hinaufführen und kommen nach etwa zwei Kilometern zum hochgelegenen Waldplatz Weißer Stein (der, wahrscheinlich aus der Zeit des Jagdkrieges der Leininger, einen deftigen zweiten, hier nicht wiederzugebenden Namen trägt). Von hier aus zerfallen sowohl der eventuelle Weiter- als auch der Rückweg in Varianten.

Ehemalige Klosterkirche Seebach

Als Weiterweg bietet sich der Gang zum Forsthaus Rotsteig mit dem gleichen Wegzeichen über nochmals die gleiche Entfernung an. Von dort sind die Rückkehr zum Weißen Stein, die Abholung mit dem Auto oder aber die Fortsetzung der Wanderung möglich.
Wer ohne die Mühe einer weiteren Wanderstrecke rasten möchte, steigt vom Platz durch die kleine Schlucht

über den rechten Pfad in wenigen Minuten hinunter zum Naturfreundehaus Pferchtal.

Der kürzeste und einfachste Rückweg ist der Herweg. Unter Einbeziehung des ebenfalls am Weißen Stein beginnenden, unmarkierten Wachenheimer Höhenweges ergibt sich auch die Möglichkeit einer größeren Rundwanderung.

Zu diesem Zweck biegen wir nach links in den Wachenheimer Höhenweg ein, passieren einen gelben Stich, halten uns dort weiter links und mißachten den ersten nach links abbiegenden breiten Waldweg. Mit Hilfe der zweiten Linksabzweigung überschreitet man dann den Bergkamm und stößt dort auf die örtliche Wegmarkierung mit der Nummer 2. Es folgt der überaus schöne und interessante Abstieg hinunter ins Poppental. An seinem Beginn führt der Weg vorbei am Bräuninger-Felsen mit seinem gewaltigen Dachüberhang.

Im Talgrund stoßen wir dann auf die Kelter, eine altgermanische Opferstätte mit Blutrinne. Von dort aus geht es nach links durch das Poppental mit seinem murmelnden Bächlein und mehreren Waldbrunnen. Der schließlich wieder auftauchende altbekannte weiße Strich mit schwarzem Punkt bringt uns abschließend nach rechts hoch zum Wagen zurück.

Wandervorschlag 5

Von der Hardenburg-Ruine zum Forsthaus Kehrdichannichts

Ausgangsort: Hardenburg
Gehzeit: ca. 3 Stunden
Einkehr: Forsthaus Kehrdichannichts
Anfahrt: MA – LU 30 km

Heute lernen wir den Idealfall eines wie für Autotouristen geschaffenen Wander-Reviers kennen. Von der Parkmöglichkeit bis zur gemütlichen Einkehr bleibt wirklich kein Wunsch offen.
Das gelobte Land wird über die B 37 erreicht. Man befährt diese Verkehrsader ab Ortsmitte Bad Dürkheim in Richtung Kaiserslautern und windet sich mit ihr ein Stück durch das enge Isenachtal bis zum Dorf Hardenburg.
Der große Parkplatz unterhalb der (höchstens bei Nacht oder Nebel zu übersehenden) gleichnamigen Ruine nimmt den Wagen auf, während wir selbst in längstens fünf Minuten zur ehemaligen Sperrbastion hinaufsteigen.
Schon die Außenansicht läßt erkennen, daß es sich hier um keine gewöhnliche Burg handelt. Die um 1500 n. Chr. entstandene Westbastion, unter welcher der Weg ins Innere führt, war zur Zeit ihres Baues etwas Neuartiges und Kühnes. Auch die Länge der Anlage

von fast 200 Metern spricht für ihre frühere besondere Bedeutung.

Die Hardenburg wurde nach 1200 durch einen Saarbrücker Grafen als Stammsitz der jüngeren Leininger Linie errichtet. Über 500 Jahre lang residierten die Grafen dieses Adelsgeschlechtes hier oben und schlugen sich in dieser Zeit des öfteren mit den Herren der umliegenden Ländereien herum – wegen der Politik in heißen und wegen der Jagd in kalten Kriegen. Davon später mehr.

Nach dem Versteckspiel der Burgbesichtigung gehen wir vom Burghof (im Sommer Freilichttheater) bis vor

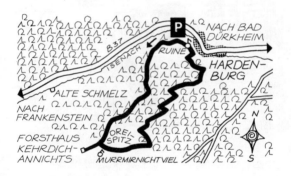

das erste Tor zurück und steigen dort, wo der Weg mit einem gelben Kreuz markiert ist, hoch.

Dieser Pfad vermittelt uns eine der schönsten Hangwanderungen der Pfalz. Gleich zu Anfang sehen wir auf der anderen Talseite den Nonnenfels mit einer

Grotte, in welcher der Sage nach einst eine verstoßene Grafentochter hauste. Etwas höher wird dann der Hochwald verlassen, und es ergeben sich reizvolle Einblicke in das bewaldete Tal der Isenach.

Forsthaus Kehrdichannichts

Schließlich wendet sich der Weg nach links, quert die Flanke des Dreispitzberges und bringt uns nach einer Marschleistung von etwa fünf Kilometern zum einsamen Forsthaus Kehrdichannichts mit ganzjährig geöffneter Waldwirtschaft.

Hier stand früher ein Jagdschloß der Leininger, von welchem noch einige Skulpturen an der Fassade des Forsthauses zu sehen sind.

Der skurrile Name des Forsthauses hängt mit dem vorhin erwähnten kalten Jagd-Krieg zusammen. Hier verlief nämlich die Jagdgrenze gegen das Gebiet der pfälzischen Kurfürsten; die alten Grenzsteine sind heute noch zu sehen. Die Jagdleidenschaft der Leininger vertrug sich nun offensichtlich sehr schlecht mit dieser Grenze, und sie gaben ihrem Ärger in der Namensgebung des Waldschlößchens Ausdruck.

In der Umgebung lagen noch die heute zerstörten Jagdhäuser Murrmirnichtviel und Schaudichnichtum. Gestärkt und erheitert verlassen wir das Forsthaus mit dem einmaligen Namen und setzen unsere Rundwanderung mit dem gelb-roten Strich nach Drei Eichen – Wachenheim fort. Da man in dieser Richtung aber nie zum Wagen zurückkommt, muß nach etwa eineinhalb Kilometern nochmals der Kurs geändert werden.

An der Waldwegkreuzung „Dicke Eiche" (die Eiche selbst ist längst verschwunden) machen wir eine Vierteldrehung nach links und bleiben zwar der Farbe, nicht aber der Form der Markierung treu: Dort beginnt nämlich die gelb-rote Scheibe, die uns nach einer einstündigen Abschlußwanderung wieder zum alten Stammsitz der Neu-Leininger zurückbringt.

> Wandervorschlag 6

Vom Forsthaus Saupferch auf den Drachenfels

Ausgangsort: Bad Dürkheim
Gehzeit: 2–3 Stunden
Einkehr: Waldgaststätte Saupferch
Anfahrt: MA – LU 35 km

Der Nibelungenheld Siegfried zog einst aus, den Drachen zu töten. Wir wollen heute ausziehen, um die ehemalige Wohnstatt des Wundertieres anzusehen, die Drachenkammer.
Unsere vielfachen Pferdestärken bringen uns wesentlich schneller, als das den reisigen Rittern je möglich war, zum Ausgangsort. Von Bad Dürkheim fährt man auf der B 37 in Richtung Kaiserslautern durch Hardenburg. Dahinter werden die an der Straße liegenden Wirtschaften abgezählt: Links die Alte Schmelz und das Gasthaus Jägertal, rechts das zum Wolfental, dann folgt eine langgezogene Linkskurve, und an ihrem Ende müssen wir sehr aufpassen: Erstens auf die links abgehende Straße mit dem Schild „Waldgaststätte Saupferch" und zweitens natürlich darauf, daß aus dem Abbiegemanöver kein Unfall entsteht.
Am Ende der 2 km langen Foststraße finden wir dann den vom Verein Naturpark Pfälzerwald angelegten Parkplatz und die Gaststätte.

Auf einem Hangpfad geht es jetzt mit dem blauen Strich und den Wegnummern 2 und 3 eine Viertelstunde lang nach oben. Bevor Sie sich am Ende dieser Steigung schon am Ziel wähnen, sei gesagt, daß der Anstieg auf den Drachenfels zweistufig ist. Hinter der ersten Sockelstufe folgt nochmals eine kleine Ebene, und erst dann kommt der eigentliche Gipfelaufbau. Kurz vor der zweiten Stufe, in Buschgelände, quert der Pfad einen Holzabfuhrweg. Auf ihm setzen wir etwa 20 Meter nach links auf den Weg 3 um, weil der weiterziehende Wanderpfad 2 direkt zum Westfelsen führt.

Über den linken Aufstieg wird zunächst der Südfelsen in Angriff genommen. Oben, an seinem Fuß, weicht

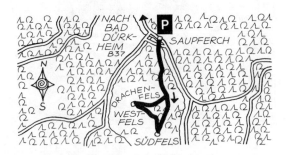

der Weg erst nach rechts aus und wendet sich dann auf dem Felsplateau wieder nach links zurück.

Und nun wird es spannend.

Denn plötzlich weist ein blauer Pfeil direkt auf den Felsabsturz. Bei näherem Hinsehen führt er aber doch nicht zum Selbstmord, sondern über eine Treppe und eine Galerie mit zugegeben wackligem Geländer in

Drachenfels bei Bad Dürkheim

eine große und etwas unheimliche Höhle – in die Drachenkammer.

Nach Ausschöpfen des Grusel-Effekts steigen wir in die Oberwelt zurück, laufen an einigen steinernen Tischen und Bänken vorbei und treten beim Holzkreuz dem Drachen auf sein felsiges Haupt.

Unweit vom Gipfelkreuz beginnt eine schmale, unten mit Treppen versehene Spalte; sie führt zur Drachenhöhle, einem nach zwei Seiten offenen Felsdurchbruch.

Soweit der Südfels.

Anschließend bummeln wir – Entschuldigungen werden nicht angenommen – in wenigen Minuten noch hinüber zum Westfels. Wer immer noch zögert, dem sei gesagt, daß es ein Gang auf einer Einbahnstraße ist, denn von drüben führt später ein direkter Weg (2) nach unten.

Vom Westfels aus genießt man zunächst einen einzigartigen Blick über die Bilderbuchlandschaft des Pfälzerwaldes.

Der anschließende Abstieg mündet dort, wo wir vorhin etwas nach links gingen, wieder in den alten Weg ein.

Der heutige Vorschlag eignet sich übrigens gut dazu, größere Kinder an das Wandern zu gewöhnen. Ihre meist chronische Gehfaulheit wird hierbei mit Hilfe der meist ebenso chronischen ängstlichen Neugierde mattgesetzt: Die Ankündigung, man werde heute eine Drachenhöhle besuchen, wirkt nach gemachten Erfahrungen so stark, daß trotz des längeren Aufstieges die übliche ständige Wie-weit-ist-es-noch-Frage fast völlig ausbleibt!

Wandervorschlag 7

Frankenstein und Umgebung

Ausgangsort: Frankenstein
Gehzeit: 4–5 Stunden
Einkehr: Forsthaus Erlenbach
Anfahrt: MA – LU 40 km

Zur Teilnahme berechtigt sind nur Leute mit Mut, Ausdauer und vor allem einer Portion Individualismus.
Der Mut wird für die Ruine Frankenstein gebraucht – man könnte ja zwischen den alten Mauern der gleichnamigen Schreckensfigur begegnen! Ausdauer ist für die lange Rundwanderung vonnöten. Und der Individualismus – doch davon später.
Die Anfahrt: Frankenstein ist sowohl auf der B 37 über Bad Dürkheim und das Isenachtal als auch auf den B 38/39 über Neustadt und das Tal des Hochspeyerbachs zu erreichen. In Frankenstein bleibt der Wagen am Ortsende in Richtung Kaiserslautern stehen (mehrere Parkplätze). Dann geht's vom Schloßbergtunnel mit dem blau-grünen Strich hoch zur Ruine. Auf dem Plateau befand sich um 1100 ein Wachtturm, aus dem später die Burg entstand. Ihre Geschichte besitzt keine besonderen Höhepunkte. Architektonisch interessant sind der Kamin im Rittersaal

und der Erker der früheren Kapelle mit Fotografier-Durchblick auf den Ort.

Nach dem Abstieg verläßt man Frankenstein in Richtung Kaiserslautern zu Fuß und wendet sich, dem Schild folgend, nach rechts in den Ortsteil Diemerstein.

Die Burgruine Diemerstein, einstmals Fluchtstätte Ulrich von Huttens, kann wegen Baufälligkeit nur vom Tal aus bewundert werden.

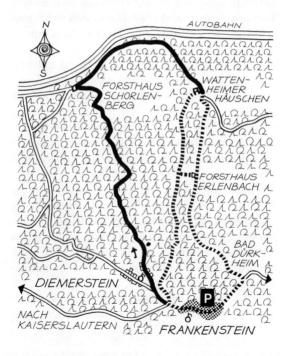

Vor der Ruine schlagen wir die nach rechts führende Straße ein und sind wenige Minuten später am ersten Fischweiher des Glasbachtals. Unser Weg mit dem blau-grünen Strich geht am linken Ufer entlang.
Eine schöne und romantische, stille und lange Talwanderung nimmt uns auf, nur einmal unterbrochen durch die Rast am schönen Sieben-Röhren-Brunnen mit seiner kleinen Anlage.
Das mit der Stille stimmt allerdings zum Schluß nicht mehr. Je näher wir an das Forsthaus Schorlenberg kommen, desto deutlicher wird ein uns nur zu bekannter Lärm. Des Rätsels Lösung: Das Forsthaus liegt direkt an der Autobahn!
An ihr geben wir den blau-grünen Strich auf und wandern mit dem weißen Kreuz und dem grünen Strich nach rechts. Und nun folgt eine halbe Stunde Autobahn-Begleitung.
Dieser Gang ist, obwohl er naturgemäß der Waldesstille enträt, mehr als nur ein lästiges Zwischenspiel. Er ist ein Ausdruck von Individualismus, von Snobismus! Denn gar manches wird beim Anblick der dahinrasenden Blechkästen wieder ins rechte Licht gerückt. Und die halbe Gehstunde eröffnet Ihnen obendrein die Möglichkeit, dem nächsten Geschwindigkeitsprotzen, der von 200 Sachen redet, die Schau zu stehlen, indem Sie beiläufig erwähnen, Sie hätten kürzlich ein Stück Autobahn – ohne Verkehrsstau – mit vier Stundenkilometern passiert.
Der Wechsel der Wegmarkierungen signalisiert das Ende der Autobahn-Begleitung. Zuerst verschwindet das weiße Kreuz nach links in eine Unterführung. We-

nig später erfährt der allein weiterführende grüne Strich Verstärkung aus Norden in Gestalt des weißgelben und des gelben Striches. Beide – und wir mit ihnen – ziehen später nach rechts weg. Im Wald wird nach kurzer Zeit das „Wattenheimer Häuschen" erreicht.

Ganz Eiserne gehen von hier aus mit dem gelben Strich nach rechts und kommen direkt wieder nach Diemerstein, um sich dort eines Hunger- und Durstmarsches zu rühmen. Wer das nicht will, wandert vom Wattenheimer Häuschen auf der beschilderten Fahrstraße zum Forsthaus Erlenbach (Gaststätte nur an Wochenenden geöffnet).

Hier haben wir die Pfalz in Reinkultur vor uns: Ein Forsthaus mitten im Wald, mit einem Förster, der bereits in der vierten Generation sein schönes Amt versieht. In der Gaststube imponiert die einmalige Sammlung von Jagdtrophäen.

Vom Forsthaus aus haben wir wieder zwei Möglichkeiten: Die Fahrstraße bringt uns in einer knappen Stunde nach Frankenstein. Kürzer und interessanter ist es, am Forsthaus vorbei nach rechts hochzusteigen, bis sich auf dem höchsten Punkt des Bergrückens wieder der wohlbekannte gelbe Strich findet. Nach links bringt er uns zurück nach Diemerstein und Frankenstein.

> Wandervorschlag 8

Deidesheim

Ausgangsort: Deidesheim
Gehzeit: ca. 1 Stunde
Einkehr: Deidesheim
Anfahrt: MA – LU 30 km

Deidesheim bietet jedem etwas:
- Dem Weinkenner eine ganze Serie erlesener Lagen und Jahrgänge.
- Dem Gourmet einen Wettstreit der Küchenmeister in den gepflegten Hotels und Gaststätten.
- Dem Liebhaber alten Brauchtums die an jedem Pfingstdienstag stattfindende historische Geißbockversteigerung. Aufgrund eines alten Vertrages ist nämlich die Tuchmacherstadt Lambrecht heute noch verpflichtet, für Weidenutzung im Deidesheimer Stadtwald jährlich einen Geißbock an Deidesheim abzuliefern. Die Lambrechter versuchten in früheren Jahrhunderten verschiedentlich, diese lästige Abgabe einzusparen, wodurch sich 1808 sogar Napoleon I. neben seinen anderen Sorgen auch mit diesem Problem befassen mußte. Er tat es jedenfalls nicht mit dem an sich gebotenen tierischen Ernst, sondern fügte seiner Bestätigung die Bemerkung hinzu, daß der abzuliefernde Bock „bien cornu et bien capable" (gut gehörnt und gut gebeutelt) sein

müsse – worauf die Deidesheimer heute noch streng achten.

Traditionsgemäß wird der Bock vom jüngsten Lambrechter Brautpaar überbracht, das als Botenlohn ein Käsebrot und einen Schluck Deidesheimer Wein erhält.

- Dem Kunstliebhaber eine gotische Kirche aus dem 15. Jahrhundert mit alten Holzbildnissen und einem seitlich des Baues stehenden monolithischen Kruzifix, ferner das Rathaus mit seiner altertümlichen Freitreppe.
- Demjenigen, der die Kunst gleich im Auto mitnehmen möchte, eine reichhaltige Keramik-Ausstellung in der Niederkircher Straße mit Erzeugnissen aus eigener Werkstätte;
- und schließlich dem historisch interessierten Wanderer die sogenannten Heidenlöcher auf dem Kirchberg bei Deidesheim.

Die Wanderung dorthin beginnt am nördlichen Ortsende an einer Straßenkreuzung mit einer pavillonartigen ehem. Tankstelle. Auf einer der drei belebten Straßen ankommend, biegen wir in die stille vierte, zu den Bergen hinziehende Strecke ein und befinden uns schon Sekunden später zwischen den fast beängstigend aufragenden Hochmauern der Deidesheimer Weinberge.

An der folgenden T-förmigen Einmündung fährt man nach links an den Weinbergmauern weiter bis zu einem Gatter, wo die feste Straße aufhört und der Wald anfängt. Von dort geht es dann zu Fuß weiter.

Unter dem Angebot der Wegzeichen wählen wir den

roten Punkt mit der Zielrichtung Michaelskapelle – Heidenlöcher. Er führt uns halbrechts hoch zur Michaelskapelle, die lange in Trümmern lag und erst 1952 wieder aufgebaut wurde. (Die Kinder des Verfassers haben sie wegen ihrer landschaftlich so schönen Lage eigenmächtig in „Wanderkirche" umgetauft.)

Nach kurzem Ausruhen und dem Genuß der Aussicht geht es weiter hoch auf den Kirchberg. Nach einem Wanderweg von insgesamt eineinhalb Kilometern treffen wir oben die versprochenen Heidenlöcher.
Es handelt sich dabei um eine tote Stadt. Auf der Bergkuppe finden sich die Fundamente von etwa 70 ehemaligen Hütten oder Häusern, umgeben von einem alten Steinwall mit zwei Toren und den Resten eines Wallgrabens.
Mit den „Heiden" ist es übrigens nicht so weit her; der Volksmund neigt auch hier zur Übertreibung. Denn die Siedlung ist „nur" etwa 1000 bis 1200 Jahre alt; sie stammt aus der Karolingerzeit und wurde in Notzeiten als Fliehburg benutzt.

Stellen Sie, verehrter Leser, sich einmal vor, Sie müßten von jetzt auf nachher alles im Stich lassen und sich in einem der inkommoden Steinkeller einrichten!

Der einzige Trost wäre, daß Sie bei einem Einzug im Herbst nicht alsbald verhungern würden. Denn zwischen den alten Gruben hat sich ein dichter Teppich aus Heidelbeerpflanzen ausgebreitet. Purzeln Sie beim Suchen aber bitte nicht in die Löcher!

Wir sind sicher, daß Ihnen die kleine Wanderung hier herauf und die damit verbundene Schreckvorstellung nach der Rückkehr einen verdoppelten Gasthausgenuß verschaffen werden.

Wandervorschlag 9

Von Neustadt über die Wolfsburg auf das Weinbiet

Ausgangsort: Neustadt
Gehzeit: 3–4 Stunden
Einkehr: Weinbiethaus
Anfahrt: MA – LU 35 km

Als Vorspiel zur heutigen Wanderung wollen wir uns Neustadt selbst einmal etwas näher ansehen. Die im Jahr 1220 von den Pfalzgrafen gegründete Stadt erhielt 1275 durch Rudolf von Habsburg die Stadtrechte, 1578 durch Pfalzgraf Johann Casimir sogar eine Universität, das Casimirianum.
Diese Hochschule wurde 1592 mit Heidelberg vereinigt. Ihr aus einem ehemaligen Kloster hervorgegangenes, in Gotik und Renaissance errichtetes Gebäude ist noch heute zu sehen, wenn man vom Marktplatz rechts am Rathaus vorbei einige Minuten durch die Straßen geht.
Am Marktplatz stehen auch das Rathaus, ehemals Jesuiten-Kollegium, aus dem 18. Jahrhundert, sowie die gotische Stiftskirche aus dem 13. bis 15. Jahrhundert. Besuchen Sie die einzigartige Türmerstube auf dem stumpfen Turm der Stiftskirche! Bis vor wenigen Jahren wirkte hier noch der Türmer Hayn, der an dieser Stätte geboren wurde, und dessen Vorfahren seit 1744 dieses Amt versahen. Und vergessen Sie nicht den Be-

such der über 17 Tonnen schweren Kaiserglocke! Mutige dürfen sich sogar hineinstellen, aber möglichst nicht gerade kurz vor 12 Uhr.

Ein Gang durch die Altstadt, die durch den zum Glück noch nicht restlos in die Unterwelt verbannten Speyerbach überaus vorteilhaft belebt wird, rundet die erste Kontaktaufnahme mit diesem schönen Ausgangspunkt unserer Wanderungen ab.

Im Anschluß daran fahren wir von der Stadtmitte auf der B 39 in Richtung Kaiserslautern bis hinter das Sportstadion und biegen an der gelben Tankstelle rechts in die Quellenstraße ein. Unten geht's nach links

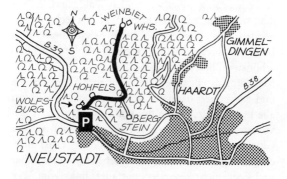

in die Wolfsburgstraße und auf ihr bis zu einer an ihrem Ende liegenden Fabrik, die Sie rechts umfahren. Seitlich wird dann geparkt.

Hinter den anschließenden Wohnhäusern laufen wir rechts einige Stufen hoch und treffen sofort auf das Schild „Wolfsburg ½ Stunde". Auf der Landkarte ruft das enge Zick-Zack des Aufstieges den Eindruck eines öden Serpentinenschinders hervor; der Gang ist aber in Wirklichkeit eine waldschattige und angenehme Angelegenheit. Wer trotzdem in Temperatur gerät, darf sich kurz vor der Burg, auf dem Hauptweg wieder einige Meter abwärts gehend, an einer Quelle erfrischen.

Die Burg, die vor kurzem durch Bürgerinitiative wieder aufgebaut wurde, zeigt uns Neustadt und das Speyerbachtal in schöner Sicht.

Hinter ihr zieht der Weg mit der blauen Scheibe weiter hoch. Nach wenigen Metern erreichen wir einen Aussichtsfelsen mit Treppe und Geländer, den Hohfels. Auf einer stetig höher werdenden Waldgalerie nähert man sich Neustadt noch mehr. Wer den rechts beginnenden Abstecher zur nächsten Schaukanzel, dem Bergstein, nicht scheut, genießt als Lohn den allerschönsten Blick auf die Stadt.

Man kann den Bergstein aber auch rechts liegen lassen und durchquert dann auf Wald- und Sandwegen fast alle Landschaftsformen des Pfälzerwaldes.

Später sehen wir sogar einen Hirsch – nicht nur mit Glück, sondern mit absoluter Sicherheit. Er ist allerdings lediglich als Relief auf einer Felsplatte sichtbar und liegt, nicht besonders auffällig, links vom Weg dort, wo letztmals ein weißes H unter der blauen Scheibe steht.

Hinter ihm mündet der Pfad in einen breiten Waldweg, der nun (mit der z. T. nur in großen Abständen angebrachten blauen Scheibe) nach rechts und später geradeaus verfolgt wird.

An seinem Ende, am Fuß einer mit Felstrümmern über-

Neustadt/Weinstraße, Rathaus

säten Kuppe, haben wir dann den gewaltigen Mast des Fernsehsenders direkt vor uns.
In diesem Stadium liegen einem aber wahrscheinlich andere Dinge etwas näher. Etwa das ganzjährig bewirtschaftete Gasthaus auf dem Gipfel des Weinbiets, oder für diejenigen, welche zum wahren Fern-Sehen zurückgefunden haben, der Aussichtsturm mit herrlicher Rundsicht über den Wald.
Neben den drei baulichen Attraktionen des Gipfels ist noch die Dreieinheit der Höhenlage bemerkenswert: Sie beträgt genau 555 Meter.
Nach einer gemütlichen Rast bummeln wir ohne Wegsuch-Probleme auf dem gleichen Weg wieder hinunter zum Wagen.

Wandervorschlag 10

Neustadt – Königsmühle – Hellerplatz – Königsberg

Ausgangsort: Neustadt
Gehzeit: 3–4 Stunden
Einkehr: Hellerhütte
Anfahrt: MA – LU 40 km

Suchen Sie eine längere Wanderung in der Waldesstille, aber möglichst auch mit ein paar sehenswerten Punkten?
In der Pfalz ist nichts leichter zu finden als das.
Zur einleitenden Sehenswürdigkeit kommen Sie sogar mit dem Wagen. Sie brauchen zu diesem Zweck nur während der Fahrt nach Neustadt auf der B 38 in der Ortsmitte Mußbach nach rechts zu blinkern und sind gleich darauf, ohne es richtig zu bemerken, im Weinort Gimmeldingen.
Dort läßt es sich recht gut leben. Das erkannte bereits Faustinus, ein Legionär persischer Abstammung, der um 300 n. Chr. vom damals allmächtigen Römischen Reich in Gimmeldingen ein Stück Land bekam und aus diesem alsbald sehr gute Erträge erzielte. Zum Dank errichtete er seinem heimatlichen Lichtgott Mithras ein Denkmal, das erst 1926 wieder entdeckt wurde. Es befindet sich heute im historischen Museum der Pfalz

in Speyer, jedoch wurde nahe beim Fundort hinter dem Haus Loblocherstraße 36 eine gute Nachbildung an einer Stützmauer angebracht, die den kurzen Umweg unbedingt lohnt.

Im Anschluß daran fahren wir durch Neustadt und von der Stadtmitte auf der B 39 in Richtung Kaiserslautern bis zur Bahnunterführung am Ortsende, hinter ihr links ab zum angezeigten Kurhaus Königsmühle.

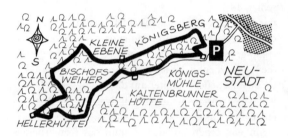

Auf dem dortigen Parkplatz wird von den Pferdestärken auf Schusters Rappen übergewechselt. Man geht links am Kurhaus vorbei, bis ein munterer Bach optisch und akustisch den Beginn der Wanderung durch das Kaltenbrunner Tal anzeigt.

Nach einer halben Stunde kommt man zur Kaltenbrunner Hütte, womit die Gefahr eines Durstmarsches auf alle Fälle gebannt ist.

Vor ihr hat sich eine ganze Anzahl von Wegmarkierungen versammelt. Wir halten uns an den weiß-roten

Strich, passieren die Bischofsweiher und gewinnen alsbald den nach einem Pionier des Pfälzerwaldvereins benannten beschrifteten Emil-Ohler-Pfad.

Das ausschließlich für Wanderer angelegte Weglein verläuft, stetig leicht steigend, immer in halber Hanghöhe, windet sich geheimnisvoll durch dunklen Kiefernwald, zeigt dann wieder schöne Talblicke und hält sogar für die weniger Strammen mehrere Bänke bereit. Ziemlich unvermittelt taucht zum Schluß die Hellerhütte vor uns auf. (Öffnungszeiten siehe Wandervorschlag 14.)

Für den Rückweg ist die direkt an der Hütte in nordöstlicher Richtung vorbeilaufende gelbe Scheibe zuständig. Mit ihr erreicht man nach einer halben Stunde die Wegkreuzung der Kleinen Ebene, und von dort leitet uns die Scheibe weiter auf den Königsberg. Dieser letzte Teil unseres heutigen Rundweges erfordert nun etwas Phantasie.

Denn wir gehen auf dem Kamm des Königsberges durch eine Stadt; wenn auch durch keine große, so doch durch eine sehr alte.

Das Bergplateau weist deutliche Spuren einer vorgeschichtlichen Siedlung auf. Am Anfang finden sich einige zerwühlte Steinhaufen, die unschwer als ehemalige Gräber zu erkennen sind. Später kommen dann die eigentlichen „Häuser". Wie mögen die Menschen wohl ausgesehen haben, welche die noch gut erkennbaren Trockenmauern aufschichteten?

Am Ende des Plateaus verabschieden wir uns vom Wohnsitz der Ahnen und lassen uns von dem neuzeitlichen gelben Farbklecks zu unserem noch neuzeitliche-

ren Beförderungsmittel an der Königsmühle zurückbringen.
Der Weg führt durch die romantischen Gefilde eines Bergsturzes ins Tal. Gleichzeitig staunt man angesichts des steilen, nicht enden wollenden Abstiegs über die Anzahl der unmerklich im Aufstieg angesammelten Höhenmeter (es sind über zweihundert).
Und auf dem letzten Wegstück wird durch den dortigen Natur-Lehrpfad noch ein kostenfreier Nachhilfeunterricht in Botanik erteilt.

Wandervorschlag 11

Von Neidenfels zur Lambertskreuzhütte und zurück

Ausgangsort: Neidenfels
Gehzeit: 2½ oder 3½ Stunden
Einkehr: Lambertskreuzhütte
Anfahrt: MA–LU 40 km

Neidenfels ist eine Reise wert. Auch wenn es dort schwer ist, einen Parkplatz aufzutreiben!
Der sich im engen Hochspeyerbachtal hinziehende Ort wird von Neustadt aus über die B 39 in Richtung Kaiserslautern angesteuert. Das Entdecken einer Abstellmöglichkeit bleibt dann Ihrer im Großstadtverkehr geschulten Findigkeit überlassen.
Zum Trost sei verraten, daß mit der Lösung dieses Problems die Hauptschwierigkeiten für heute überwunden sind. Denn die Wanderung macht nur Freude, und der Wanderweg ist in seiner Linienführung sehr klar und zudem gut gekennzeichnet.
Am besten startet man bei der Wanderwege-Tafel in der Ortsmitte. Die rote Scheibe und die Nummer 4 lotsen uns bald nach rechts hoch in das Tälchen vor der gut sichtbaren Ruine. In Steigungen, über die sich wirklich niemand beklagen kann, kommen wir nach einer Viertelstunde oben an.
Die Burg sperrte und schützte das enge Tal von 1330

bis 1689. Nach ihrer Zerstörung versuchte der kurpfälzische Forstmeister Glöckle 1749, den Burghang in friedlicher Weise zu nutzen, indem er unterhalb der Ruine (und aus deren Steinen) Terrassenbauten errichtete und auf den Stufen Reben anpflanzte. Der Wein fiel aber offensichtlich zu sauer aus, denn die Rebstöcke sind heute nicht mehr zu sehen.

Dafür aber etwas anderes.

Glöckle hinterließ nämlich neben seinem Wappen eine ebenfalls in den Sandstein eingemeißelte Preistafel von

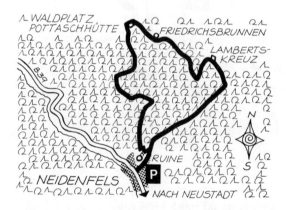

1749. Wollen Sie wissen, wie billig alles in der „guten alten Zeit" war? Nun denn: „In diesem Jahr kostete das Malter Korn 5 Gulden, das Fuder Neustatter 1749er Wein 60–70 Gulden . . ."

Wir steigen zur Burg zurück, laufen an einem wie mit

dem Messer längs aufgeschnittenen Treppenturm vorbei und treffen dahinter wieder auf unsere beiden Wegzeichen, die sich allerdings fünf Minuten später trennen: Die 4 führt auf dem kürzestmöglichen Weg nach rechts in einer Stunde hinüber zur Lamberts-

Lambertskreuz

kreuzhütte, die rote Scheibe strebt das gleiche Endziel über Pottaschhütte (Waldplatz) und den Friedrichsbrunnen an und benötigt dafür etwa zwei Stunden. Wer erst um 12 Uhr losmarschiert und in der Lambertskreuzhütte zu einem vernünftigen Zeitpunkt noch zu Mittag essen will, nimmt die 4 für den Hin- und die rote Scheibe für den Rückweg. Wer den Tag noch vor sich hat und besonders gute Voraussetzungen für eine genüßliche Hüttenrast schaffen will, macht's gerade umgekehrt.

Welchen Weg Sie auch wählen, Sie müssen in jedem Fall hinaufsteigen. Denn Neidenfels liegt etwa 180, die Lambertskreuzhütte dagegen 462 m hoch. Letztere wurde vom Pfälzerwaldverein an einem alten Kreuzweg mitten im Wald erbaut und ist ganzjährig bewirtschaftet. Neben dem Haus ist noch das alte Lambertskreuz zu sehen.

Müssen Sie nicht zum Wagen zurück, so können Sie von hier aus nach verschiedenen Richtungen weiterwandern: in einer Stunde auf den Drachenfels (Wandervorschlag 6) oder in einer Stunde an den Trümmern des Jagdhauses Schaudichnichtum vorbei zum Forsthaus Kehrdichannichts (Wandervorschlag 5).

Müssen Sie zum Wagen zurück, dann bleibt es bei der roten Scheibe bzw. der Nummer 4.

Im übrigen verstößt auch die zweifache Benutzung des kurzen Weges durchaus nicht gegen die Wandermoral!

Wandervorschlag 12

Im Pfälzerwald vermißt ...

Ausgangsort: Neidenfels
Gehzeit: 3–4 Stunden
Einkehr: Waldhaus Schwarzsohl
Anfahrt: MA-LU 45 km

... – jedenfalls für die angegebene Zeit – ist jeder, der die nachfolgend beschriebene Wanderung riskiert:
Von Neustadt fährt man auf der B 39 gen Kaiserslautern. Ab Ortsanfang Neidenfels wird dann gezählt: Von dort sind es nämlich drei Kilometer oder sechs Straßenunterführungen bis zu dem Punkt, an dem nach links ein beschildertes Sträßchen zum Forsthaus Morschbacher Hof führt.
Am Ende dieses Sträßleins warten ein Parkplatz auf unseren Wagen und ein Talschluß mit Forsthaus auf uns. Hier stand noch im vorigen Jahrhundert das Dorf Morschbach; wer scharf hinsieht, findet noch die Fundamente der früheren Häuser.
Der kleine Friedhof der früheren Ansiedlung, auf dessen Torbogen in alter Zeit die Worte „Gottesacker" eingemeißelt wurden, lohnt einen Besuch.
Das heutige Forsthaus bietet während der warmen Jahreszeit eine kleine Waldwirtschaft. Wir merken sie

für die Schlußrast vor, nehmen den gelb-roten Markierungsstrich auf und wandern mit ihm in mäßiger Steigung zum Waldpaß des Taubenplatzes, wo unsere heutige Rundwanderung beginnt.

Leitzeichen ist zunächst die weiße Scheibe mit schwarzem Punkt. Auf mal breiten, mal schmalen Wegen geht es weiter hoch bis zur ersten Rast auf dem kahlen Rücken des 502 m hohen Mollenkopfes.

Ein Blick von hinten in die Kulissen der Weinstraße – besser kann man die Aussicht vom Mollenkopf nicht umreißen. Die Haupt-Orientierungspunkte sind für

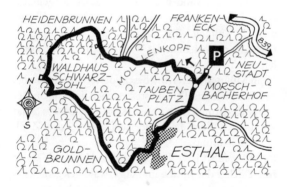

uns die beiden hochragenden Sendetürme auf der Kalmit und dem Weinbiet.

Mit unserer schwarz-weißen und einer roten Scheibe wird auf der anderen Seite durch Wald, vorbei am Heidenbrunnen, wieder abwärts gewandert. Dabei kreuzen wir einige bezeichnete Wege, ohne uns davon ablenken zu lassen.

Nach Erreichen der Fahrstraße von Weidenthal zum Waldhaus Schwarzsohl haben sich uns trotzdem noch drei Wegzeichen angeschlossen, so daß man in großer Begleitung zum Etappenziel strebt – mit unseren beiden und noch einer dritten, gelben Scheibe, mit dem grünen Kreuz und einem blauen Strich.

Die Gaststätte des Pfälzerwald-Vereinshauses Schwarzsohl ist an Wochenenden ganzjährig geöffnet. Nach gebührender Auswertung dieses Stützpunktes geht's mit dem weiß-roten Strich kurz, aber heftig bergab. Unten wandelt sich die Sache zu einer gemütlichen Talwanderung. An einer Art zahmer Wolfsschlucht entlang wird zunächst eine Blockhütte erreicht, an der von links das Wegzeichen des weiß-roten Kreuzes dazukommt.

Zehn Minuten später, am beschilderten Goldbrunnen, verlassen wir das Tal und steigen nach links hoch. Der Name des Brunnens ist übrigens nur symbolisch; es hat also keinen Wert, die Wanderung kurz vor dem Zahltag durchzuführen!

Der Weg führt jetzt über bewaldete Hügel, bis einige rote Dächer das mitten im Pfälzerwald gelegene Dorf Esthal vermelden. Unser weiß-roter Strich leitet zum Rathaus, wo dann die letzte Wachablösung stattfindet: Nicht mehr weiß-rot, sondern gelb-rot geht es in die letzte Runde.

Nach einem Bummel durch die Dorfstraße verlassen wir Esthal, passieren den Fußballplatz, überqueren die einzige Verbindungsstraße des Ortes zur Außenwelt

und steigen neben einer Starkstromleitung hoch, bis uns am Taubenplatz die Gegend wieder bekannt vorkommt.
Die spätestens dort einsetzende Müdigkeit kommt indessen nicht zum Tragen – weil wir schon wenige Schritte weiter sowohl das Morschbacher Forsthaus als auch unseren Wagen ausmachen können.

Wandervorschlag 13

Vom Hambacher Schloß zur Hohen Loog

Ausgangsort: Hambach
Gehzeit: 2–3 Stunden
Einkehr: Hohe Looghaus
Anfahrt: MA-LU 40 km

Das ist die Wanderung für jedermann: Für Naturfreunde und für historisch Interessierte, für Sommer- und Winterspaziergänger, für Familien mit Kindern, die mit Rast zwei Stunden durchhalten. Und natürlich auch für Liebesleute.

Alle fahren zunächst von Neustadt südlich über die Weinstraße in wenigen Minuten nach Hambach und von dort mit Spezialwegweisern zum für unser heutiges Vorhaben ideal gelegenen Parkplatz unterhalb der Ruine des Hambacher Schlosses.

Als erstes steigen wir zur Burg hinauf, entweder links auf der für Autos gesperrten Straße oder, etwas abenteuerlicher, über den ebenfalls am Parkplatz beginnenden Ringweg.

Als „Kästenburg" im 11. Jahrhundert von den Saliern gegründet, wurde die Burg, wie alle in der Pfalz, mehrfach angeschlagen, im 16. Jahrhundert noch einmal neu aufgebaut und 1688 endgültig zerstört.

Trotzdem konnte das Efeu seit diesem Jahr nicht ungestört wuchern. Am 27. Mai 1832 fand hier die unter dem Namen „Hambacher Fest" bekanntgewordene studentische Kundgebung für die Vereinigung Deutschlands und (schon damals!) den Zusammenschluß Europas statt. Später wurde die Ruine von Pfälzer Bürgern aufgekauft und einem Wittelsbacher, dem Kronprinzen Maximilian von Bayern, geschenkt,

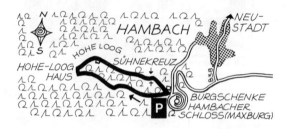

worauf auch ihr dritter Name Maxburg zurückzuführen ist.
Der Prinz ließ sie ab 1846 im venezianisch-gotischen Palaststil erneuern, wodurch sich sogar arabische Stilelemente in die Pfalz verirrten.
Die Arbeiten wurden 1849 infolge politischer Ereignisse wieder eingestellt.
Nach einem Besuch des Turmes, der an schönen Tagen eine prächtige Aussicht von Worms bis Straßburg bietet, verläßt man das interessante Gemäuer und wendet sich anderen Genüssen zu – entweder der Burgschänke oder der sofortigen Inangriffnahme der Wanderung zur Hohen Loog.

Die Maxburg

Am Parkplatz hat der Verein Naturpark Pfälzerwald, dessen Verdienste um die wandermäßige Erschließung der Pfalz durch Anlage von Parkplätzen und Rundwanderwegen hier gewürdigt werden sollen, eine Übersichtstafel aufgestellt.
Wir nehmen für den Hinweg die Wegekombination 4-5-6. Es geht auf einem plattenübersäten Waldweg ständig leicht aufwärts. Später schwenkt der Weg Nr. 5 nach rechts auf einen Hang ab und stößt an einer großen Lichtung auf den Weg 6, von welchem sich ein Caspar-David-Friedrich-ähnlicher Ausblick über ein tiefes Tal auf den bewaldeten Gipfel der Kalmit ergibt.

Je nach Gangart wird nach 60 bis 90 Minuten das neu erbaute Waldhaus „Hohe Loog" des Pfälzerwaldvereins erreicht (an Wochenenden bewirtschaftet).

Nach der Halbzeitrast und einer Visite des nahen Felsgipfels wandern wir durchgehend mit der Wegnummer 6 wieder zurück. Sie bietet als Zwischenstation eine Aussichtskanzel mit Steinkreuz und Altar, das Sühne-Kreuz.

Im letzten Abschnitt des überraschend kurzen Rückwegs zum Wagen taucht gelegentlich das Hambacher Schloß wieder zwischen den Bäumen auf.

Wer an dieser kleinen Rundwanderung keinen Gefallen findet und sie nicht bald aus freien Stücken wiederholt, zahlt einen Taler.

Wandervorschlag 14

Kalmitgipfel, Hellerplatz, Totenkopfstraße und Ruine Spangenberg

Ausgangsort: Maikammer
Gehzeit: 2–3 Stunden
Einkehr: Hellerhütte
Anfahrt: MA-LU 45 km

Die Fahrt auf einen der beliebtesten Gipfel am Gebirgsrand, die Kalmit, läßt sich gut mit einer anschließenden Wanderung von der Totenkopf- zur Hellerhütte und auf anderem Wege zurück kombinieren. Hier ist das Rezept:
Von Neustadt geht es auf der B 38 nach Süden in Richtung Landau bis zur Einfahrt nach Maikammer. Dort suchen wir die gut gekennzeichnete Kalmit-Höhenstraße und fahren auf ihr bis zum abschließenden Parkplatz. Von ihm führt ein Fußweg in kurzer Zeit auf den Gipfel mit Rundfunksender, Aussichtsturm und dem Kalmithaus des PWV.
Haben wir uns müde geschaut, dann wollen wir daran gehen, uns müde zu wandern. Zu diesem Zweck rollt man vom Parkplatz ein Stück auf der Kalmitstraße zurück und biegt bei erster Gelegenheit ganz scharf nach links unten ab.
Die Totenkopf-Höhenstraße bringt uns, immer in Ge-

neralrichtung zum ausgeschilderten Forsthaus Breitenstein, nach einer knappen Auto-Viertelstunde zur rechts liegenden Totenkopfhütte. Wir fahren mit Todesverachtung rechts an der Wirtschaft vorbei auf einen dahinter liegenden Parkplatz mit einer Markierungstafel.

Für den Hinweg zur Hellerhütte nehmen wir den Jakobspfad (Weg 4, rechts herum) in Anspruch. Da-

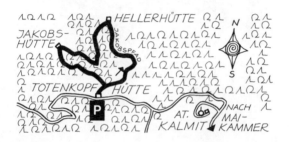

neben führt ein blau-gelber Strich verkürzt zur Hellerhütte. Er verkürzt allerdings auch den Wandergenuß sowie die Aussicht und wird deshalb nach kurzer Zeit (wörtlich) links liegen gelassen.

Der Jakobspfad zeigt uns später einen schönen Fernblick hinüber zum Weinbietgipfel mit seinem Fernsehmast (Wandervorschlag 9). Nach einer knappen Stunde sind wir dann am 478 Meter hoch gelegenen Hellerplatz mit dem gleichnamigen Haus des Pfälzerwaldvereins (ganzjährig am Wochenende, während der Sommerferien auch täglich bewirtschaftet).

Ruine Spangenberg im Elmsteiner Tal

Von diesem zentralen Waldplatz, der auch im Wandervorschlag 10 berührt wird, führen nicht weniger als sieben Wege sternförmig in die schöne Umgebung. Nach dem Hüttenaufenthalt bleiben wir zunächst unserer 4 treu, verlassen sie aber nach einigen hundert Metern zugunsten der Wegzeichen gelbe Scheibe und roter Strich nach rechts. Eine halbe Stunde später, in der Nähe der Jakobshütte, treffen wir dann an einem Holztisch mit Bänken auf die Wegnummer 6, deren rechter Zweig uns zum Waldkreuz des Studerbildes bringt.

Es geht weiter auf dem Sechser-Weg, und bald blitzt wieder unser Auto zwischen den Bäumen hervor. Wer will, kann sich jetzt in der Totenkopfhütte gütlich tun.
Wieder im Auto, fahren wir unentwegt weiter bis zum Forsthaus Breitenstein und schwenken dahinter nach rechts in die von Johanniskreuz nach Lambrecht und Neustadt ziehende Straße ein.
Im unteren Abschnitt des Elmsteiner Tales, bei Erfenstein, gibt es dann den Nachtisch des heutigen Wandertages. Dort geht's mit dem Auto zwischen den rechts der Landstraße stehenden Fabrikgebäuden durch in das Dörflein und zum Parkplatz vor dem Forsthaus Spangenberg.
Ein ganz leichter Aufstieg bringt uns zur Abschluß-Schau auf die so überaus malerische Ruine Spangenberg.

Wandervorschlag 15

Ludwigshöhe – Rietburg – Hüttenbrunnen – Kropsburg

Ausgangsort: Edenkoben
Gehzeit: 2–3 Stunden
Einkehr: Hüttenbrunnen
Anfahrt: MA-LU 45 km

Man fährt von einem bayerischen Königsschloß mit der Bergbahn steil in die Höhe ...
Jeder unbefangene Leser denkt, ja schwört, daß diese Szene grundsätzlich nur am Rande der Alpen spielen könne. Er hat damit falsch gedacht oder gar einen Meineid geschworen. Denn sie spielt in der Pfalz! Wenn auch im Rahmen einer Wanderung, bei der mehrere Superlative gegeben sind: Die Vielfalt der Beförderungsmittel, die Schonung der Beine und der Umfang der Wanderziele.
Das Ganze beginnt in Edenkoben. Zahlreiche Schilder weisen dort dem Autofahrer den Weg zur Ludwigshöhe und zur Sesselbahn.
Am Kopf-Parkplatz der Gebirgsstraße steht die Sommerresidenz des Bayern-Königs Ludwig I., die schloßartige Villa Ludwigshöhe. Sie wurde erst vor einigen Jahren den Wittelsbachern vom Land Rheinland-Pfalz abgekauft; es bleibt zu hoffen, daß die schönen Dek-

kenmalereien und Gemälde des 1846 bis 1852 erbauten Palais' bald wieder besichtigt werden können.
Im Areal des unterhalb liegenden ehemaligen Kavalierbaues residiert heute ein anderer Monarch, nämlich König Fußball. Dort befindet sich jetzt das Sportheim des südwestdeutschen Fußballverbandes.
Von der unweit des Königsbaues liegenden Talstation der Sesselbahn aus lassen wir uns in sechs Minuten mit 1,6 Metern pro Sekunde die 560 Meter lange und 217 Meter hohe Strecke zur Rietburg hinaufliften.

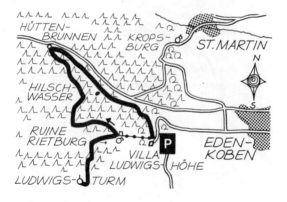

Beim verschiedentlichen Umdrehen während der Fahrt beschleichen uns leise Zweifel, ob wir nicht doch ins Allgäu geraten sind.
Die Aussicht von oben hält, was sie von der Sesselbahn aus versprochen hat.

Von der früheren Rietburg ist nicht mehr allzuviel zu sehen. Wenden wir uns also gleich der knapp einstündigen „Vortour" zu, die uns mit Hilfe des blau-gelb gekennzeichneten Höhenweges zum Ludwigsturm auf dem 612 m hohen Blättersberg und wieder zurück bringt.

In Edenkoben

Die „Haupttour" mit der roten Scheibe hinunter zum Hüttenbrunnen und zurück zur Talstation dauert etwa 2 Stunden.
Während des leichten Abstiegs ins Edenkobener Tal darf ein bekanntes Wanderlied wörtlich genommen werden: Von des Berges Höh'n sieht man das Städt-

chen Edenkoben, und im tiefen Tal ist der Wasserfall am Hilschweiher zu vernehmen – wenn wir ganz stille sind.

Lauter wird es wieder nach Erreichen der Talstraße am Hüttenbrunnen (Hütte im Sommer ständig bewirtschaftet).

Der zweite Teil unserer Wanderung orientiert sich zunächst am roten Kreuz und an der roten Scheibe. Gegenüber der Hütte beginnt mit diesen Zeichen der romantische Pfad durch das Edenkobener Tal. Besonders romantisch ist der sogenannte Innungsstein, eine Felsplatte mit verschiedenen Zeichen von Handwerkerinnungen aus dem 18. Jahrhundert.

Es geht weiter über verschiedene Max-und-Moritz-Brücken, bis zwischen den Baumstämmen das Wasser des Hilschweiher hervorblinkt. Wer später behaupten will, er habe sich heute auf der Erde, durch die Luft und über das Wasser fortbewegt, darf dort ein Boot mieten.

Sind die Arme müde und die Beine wieder frisch, dann geht es vom Ende des Weihers in zwanzig Minuten mit der Edenkobener Lokalnummer 2 rechts hoch zur Talstation der Sesselbahn und zum Wagen.

Zum guten Schluß fahren wir dann noch, an den ersten Häusern von Edenkoben scharf links abbiegend, die drei Kilometer entfernte Kropsburg an und erleben dort nochmals drei Dinge: Den alten Stammsitz des berühmten Rittergeschlechtes derer von Dalberg, eine herrliche Aussicht auf die Rheinebene und St. Martin und das Kennenlernen eines weiteren, vorzumerkenden Wanderzentrums.

Wandervorschlag 16

Schänzel-Turm und Forsthaus Heldenstein

Ausgangsort: Weyher
Gehzeit: ca. 1 Stunde
Einkehr: Forsthaus Heldenstein
Anfahrt: MA-LU 50 km

Hier befand sich der Verfasser im Widerstreit:
Die Tour ist eigentlich für ein Wanderbuch zu kurz. Sie ist aber auch wieder zu schön, um weggelassen zu werden.
Die gleichermaßen reizvolle wie interessante Umgebung gab den Ausschlag.
Wer die Berechtigung für die Aufnahme nachprüfen möchte, fahre mit den gelben Richtungsweisern von Neustadt über Edenkoben nach Rhodt unter Rietburg und weiter nach Weyher, wo man auf die Straße durch das Modenbachtal zum Forsthaus Heldenstein trifft.
Von diesem Forsthaus sind es mit dem Wagen auf der nach rechts hochziehenden Straße noch knapp zwei Kilometer bis zu einem Waldparkplatz am Ende der Steigung. Dort löst dann die Handbremse das Gaspedal ab.
Sollte unter den Damen eine den Vornamen Lolita tragen, dann darf sie hier bleiben – an der durch ein Schild gekennzeichneten „Lolosruhe".

Die anderen haben nicht viel mehr zu tun. Sie richten sich nach dem Hinweisschild „zum Schänzel" und dem darauf abgemalten roten Kreuz und erreichen mit Hilfe des letzteren in spätestens einer halben Stunde den Schänzel-Turm.

Diese auf einer kleinen Hochebene stehende Westentaschen-Ausgabe eines Aussichtsturmes müssen Sie sehen und besteigen. Von seiner Plattform haben wir hübsche Blicke auf die Berge um Edenkoben, die

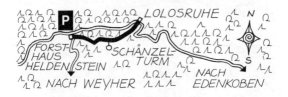

Rheinebene, die Ruinen Meistersel und Ramburg sowie über die Wälder der Pfalz.

Der Rückweg kann variiert werden. Entweder erfolgt ein gemeinschaftlicher Rückzug zur Lolosruhe, oder man steigt vom Turm aus direkt zum Forsthaus Heldenstein ab. Das letztere ist weitaus empfehlenswerter, setzt jedoch einen freiwilligen Wagenholer oder aber den späteren Gang entlang der Straße von Heldenstein zum abgestellten Wagen voraus.

Für den Abstieg geht man etwa 50 Meter auf dem Ankunftsweg zurück, biegt an der Einmündung in den Hauptweg nach links und wandert mit dem weiterziehenden roten Kreuz nach unten.

Wer noch nicht zurücklaufen oder absteigen möchte, spaziert ein bißchen in der Nähe des Turmes herum und findet dabei große Steinplatten mit altertümlichen Inschriften.

Die Gegend um das heutige Forsthaus Heldenstein stand in der Vergangenheit gleich dreimal im Zentrum

Alte Inschriften beim Schänzel-Turm

kriegerischen Geschehens. Schon im Dreißigjährigen Krieg legten die Schweden unter Bernhard von Weimar hier Feldbefestigungen an. Rund 150 Jahre später, 1794, wurde an der gleichen Stelle eine französische Revolutionsarmee von preußischen Truppen zum Stehen gebracht. Die Inschriften auf den Steinen sowie das Denkmal für einen hier gefallenen preußischen General geben von diesen Geschehnissen Kunde.

Bereits ein Jahr später, 1795, standen dann österreichische Regimenter im Kampf gegen die Franzosen. Sie hinterließen das aus zwei aufeinandergetürmten Felsen bestehende Österreicher-Denkmal mit einem steinernen Doppeladler.
Beide Erinnerungsstätten sowie die damalige Hauptschanze liegen am Abstiegsweg Schänzel-Turm – Forsthaus Heldenstein. In der Nähe verläuft auch der sogenannte Kanonenweg.
Angesichts dieses Schlachtengemäldes erfreuen wir uns des gerade herrschenden Friedens und fahren nach einem Besuch der Gaststätte im Forsthaus und einem eventuellen weiteren Spaziergang in der Umgebung auf einer schönen Waldstraße über die Lolosruhe und den Hüttenbrunnen zurück nach Edenkoben.

Wandervorschlag 17

Annakapelle, Teufelsfelsen und Bischofskreuz

Ausgangsort: Burrweiler
Gehzeit: ca. 2 Stunden
Einkehr: Burrweiler
Anfahrt: MA-LU 50 km

Wollen Sie einen schönen Nachmittag verbringen? Dann fahren Sie nach Burrweiler.
Das etwas abseits liegende Weindorf gehört völlig zu Unrecht nicht zu den weitbekannten Star-Winzergemeinden an der Weinstraße. Der Ort ist mehr ein Tip für Kenner, die dabei doppelten Lohn empfangen: Gastlichkeit und Naturschönheit auf der einen und das Fehlen des großen Fremdenverkehrsbetriebes auf der anderen Seite.
Wenn wir gerade bei der Gastlichkeit sind: Die Gerechtigkeit erfordert für Burrweiler eine nahezu vollständige Aufzählung. In den stilvoll eingerichteten doppelten Weinkeller des historischen Ritterhofes zur Rose kann man unbesehen auch den verwöhntesten Gast führen. In der Dorfmitte ist die ebenfalls empfehlenswerte Gaststätte der Winzergenossenschaft in einem alten, ehemals gräflichen Herrenhaus mit einem schönen Renaissance-Torbogen aus dem 16. Jahrhundert untergebracht. Und eine Viertelstunde über dem

Dorf, im Annagut, trinken Sie den Wein direkt neben den Rebstöcken, von denen er stammt.
Kunstkenner begeistern sich an der alten gotischen Dorfkirche. Für längeren Aufenthalt stehen Pensionen und Privatquartiere bereit.
Um Ihren Zorn zu vermeiden, wollen wir jetzt aber schleunigst darangehen, den Weg nach Burrweiler zu erklären.
Ausgangspunkt ist Neustadt an der Weinstraße. Von dort geht's auf der B 38 südlich in Richtung Landau

bis zum Weinort Edesheim (nach Edenkoben). Am Ortsende zweigt dort rechts die Straße nach Albersweiler-Hainfeld ins Modenbachtal ab. In Hainfeld taucht erstmals der Ortsname Burrweiler auf dem gelben Schild auf, und kurze Zeit später fährt man nach links in die Nebenstraße zum Dorf ein.
Dort dürfen Sie zunächst mit dem Test, ob das über die Gastlichkeit Gesagte auch stimmt, beginnen. Da es aber schlecht wäre, von einem Lokal ins nächste zu fallen, haben wir zwischendurch eine kleine Wanderung vorgesehen.

Sie beginnt an der Ecke der Winzergenossenschaft, in deren Nähe ein Schild zum Besuch des Gutsausschankes Annagut verführt. Zu Fuß dauert der Anmarsch 13 Minuten. Vom Gut ist es dann (rechts an der Pferde-

Burrweiler

koppel vorbei, oben links und wieder rechts) nur wenige Minuten zur Wallfahrtskapelle St. Anna, die auf einem Absatz des Teufelsberges über dem Dorf thront. Bei dieser Wanderung werden kleine Ansprüche an Ihr Orientierungsvermögen gestellt, weil der Weg nicht markiert ist.

Trotzdem ist ein Verlaufen unmöglich, wenn Sie ab Kapelle immer darauf achten, aufwärts zu gehen. Ob rechts oder links, der stetige Angriff auf die nächste unmittelbare Steigung bringt Sie mit Sicherheit nach einer guten Stunde (Fußweg ab Dorf) zur Spitze des Teufelsberges.

Dort befinden sich zwei höchst gegensätzliche Dinge: Die Teufelsfelsen und das Bischofskreuz. Eine alte Sage von der Felsenwohnstatt des Teufels hat offensichtlich zu dieser Konfrontation geführt.

Noch eindrucksvoller stehen sich hier oben allerdings die Landschaftstypen der Pfalz gegenüber. Vom Bischofskreuz geht der Blick weit hinaus in die lebensfrohe Ebene der Weinpfalz. In der Rebenzone drängt sich Dorf an Dorf, und der über den Strom bis zum gegenüberliegenden Randgebirge zu übersehende Rheintalgraben pocht gewissermaßen vor Geschäftigkeit. Auch der Gebirgsrand ist mit dem nachbarlichen Blättersberg, auf dem der Ludwigsturm als nächstes Ausflugsziel lockt (Besteigung entweder von Weyher aus oder im Rahmen des Wandervorschlags 15), würdig vertreten.

Gehen Sie jetzt durch den Wald auf die rückwärtige Seite der Bergkuppe! Eine Minute später bietet sich als total anderes Bild die Waldpfalz dar.

Streng und schweigend, fast abweisend, ein Horizont voll dunstiger Kammlinien, und ohne den Anblick einer einzigen menschlichen Ansiedlung, wenn man vom trotzigen Umriß der Trifelsburg absieht.

Wer dieses Bild noch mehr auf sich wirken lassen und ein Stückchen von der Einsamkeit der Waldpfalz genießen möchte, geht vom Bischofskreuz durch den Wald und später durch ein verwunschenes Stück Heide auf fast überwucherten Pfaden oben an den Teufelsfelsen vorbei und trifft dann wieder einen der zur Kapelle und zum Dorf zurückführenden Wege. Anschließend dürfen Sie mit voller Berechtigung und um ein schönes Erlebnis reicher die Untersuchung der Burrweiler Gastlichkeit fortsetzen.

Wandervorschlag 18

Rund um Johanniskreuz

Ausgangsort: Johanniskreuz
Gehzeit: 2–3 Stunden
Einkehr: Johanniskreuz
Anfahrt: MA-LU 65 km

Der unbestrittene Mittelpunkt der Waldpfalz ist nicht nur eine ideale Ausgangsbasis für Spaziergänge, sondern auch Endstation der landschaftlich herrlichen Autoanfahrt von Neustadt über Lambrecht und von dort durch das Elmsteiner Tal über Frankeneck – Elmstein – Speyerbrunn.

Burgen und Seitentäler der Anfahrtsstrecke bieten eine Fülle von Möglichkeiten, z. B. die Fahrt von der Sattelmühle nach Esthal mit seinem Kloster der Niederbronner Schwestern (s. a. Wandervorschlag 12) oder von der Helmbacher Sägemühle zum einsamen Iggelbach. Freunde gemütlichen Kaffeetrinkens biegen auf dieser Strecke nach links zum Gasthaus Hornesselwiese ab.

Auch die vielen Burgruinen lassen sich leicht ersteigen (siehe hierzu Wandervorschlag 14). In Lambrecht ist die ehemalige Klosterkirche der Dominikanerinnen sehenswert, in Appenthal die Ruine des gotischen Kapellenturms.

Doch zurück zu Johanniskreuz.

Obwohl der Ort nur aus zwei Forst- und zwei Gasthäusern besteht, hat er eine lange Geschichte. Schon in der Römerzeit liefen hier verschiedene Heerstraßen durch. Im 13. Jahrhundert errichtete ein Herr von Hohenecken als Zeichen seiner Herrschaft ein Steinkreuz. Wenig später gingen die damit verbundenen Rechte auf Johannes von Wilenstein über, der daraufhin sein eigenes Wappen gleich dreimal in diesen Stein meißeln

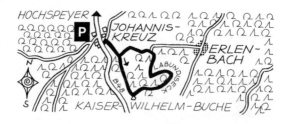

ließ und damit dem Ort zu seinem heutigen Namen verhalf. Das alte Kreuz ist übrigens noch vorhanden, und zwar steht es mit zwei anderen etwa 100 Meter von den Häusern entfernt links der Straße nach Kaiserslautern.
1794 und 1795 kämpften hier, wie auch beim Forsthaus Heldenstein, Preußen und Österreicher gegen die Franzosen. Die Neuzeit hat dieser historischen Palette einen gesprengten Westwallbunker sowie Radaranlagen der U.S. Air Force in der Umgebung des Orts hinzugefügt.
Für Pfalzwanderer und solche, die es werden wollen, ist die Tatsache interessant, daß sämtliche Hauptwan-

derwege der Pfalz über Johanniskreuz führen. Man findet deshalb hier das blaue, gelbe, grüne, rote, weiße und grün-gelbe Kreuz des Pfälzerwaldvereins, dessen freiwillige Helfer für die Erhaltung der Markierungen sorgen, einträchtig vereint. Daneben besteht noch ein ausgedehntes und beziffertes Wegenetz, das anhand einer aufgestellten Tafel oder auf einer in den beiden Gasthäusern käuflichen Spezialkarte studiert werden kann.

Wir wählen zur Einführung einen aus den Wegen 9 und 7 kombinierten, etwa 6 km langen Rundweg mit der Möglichkeit eines zusätzlichen Abstechers nach Erlenbach. Vom Parkplatz aus geht es mit der 9 zweimal über die Straße auf einen Waldpfad, der links der Straße nach Leimen hinzieht. Nach wenigen Minuten zweigen von ihm nach links die Nummern 6 und 7 ab (Beginn des Rundweges). Wir folgen jedoch der geradeaus entlang der Fahrstraße weiterziehenden Neuner-Markierung, bis uns ein romantisch-enger Pfad zwischen zwei pfeilgeraden Baumreihen aufnimmt. An seinem Ende sieht es weniger pfeilgerade aus. Dort steht nämlich rechts die Kuriosität der Harfen- oder Kaiser-Wilhelm-Buche, deren drei Stämme so gewachsen sind, daß man in ihnen – je nach Weltanschauung – die Nachbildung einer Harfe oder aber das Initial des Namens des letzten deutschen Kaisers erblicken kann. Oder auch etwas anderes, sofern es nur mit W anfängt. Ab dort nehmen wir die Ziffer 7 auf und wandern von der Ankunftsrichtung her gesehen nach links abwärts, weg von der Straße und hinein in die Unberührtheit des Pfälzer Waldes. Sich zu verirren ist bei der guten Mar-

Kaiser-Wilhelm-Buche

kierung sehr schwer; Die Gefahr besteht höchstens darin, daß man die Idyllen und Schönheiten des Weges überrennt.
Allmählich erreichen wir, deutlich erkennbar, den oberen Rand des Erlenbacher Tals. Mitten in einer

großen Rechtskurve, an einem links stehenden Hochsitz, weist ein unbezeichneter Weg deutlich hinunter in die Talschlucht. Wer will, kann hier mit Aussicht auf die Weiherlein der Kanzler-, Franzen- und Hexenklause hinuntersteigen zu den Häusern des Weilers Erlenbach (keine Einkehrmöglichkeit) und von dort aus mit dem grün-gelben Kreuz nach links wieder Kurs auf Johanniskreuz nehmen.

Wem diese Berg- und Talbahn nicht behagt, der laufe mit der 7 weiter. Am in das Erlenbacher Tal vorspringenden Labundis-Eck ergeben sich noch mehrfach hübsche Ausblicke.

Die Erlenbach-Geher stoßen mit dem grün-gelben Kreuz auf ihrem Rückweg an einer Bank wieder auf unseren Siebener-Rundweg. Zehn Minuten später mündet er an der schon eingangs erwähnten Stelle in den Herweg ein, womit sich der Rundkurs geschlossen hat.

Von dort aus sind es dann höchstens noch fünf Minuten zurück nach Johanniskreuz.

Wandervorschlag 19

Von Johanniskreuz ins Karlstal

Ausgangsort: Johanniskreuz
Gehzeit: 3–4 Stunden
Einkehr: Karlstal
Anfahrt: MA-LU 65 km

Unsere heutige Wanderung beginnt an dem großen (und manchmal doch zu kleinen) Parkplatz in Johanniskreuz. Wir laufen von dort etwa hundert Meter an der in Richtung Kaiserslautern führenden Landstraße entlang, bis links der breite Trippstadter Weg abgeht. Als Wegzeichen für das Karlstal benutzt man am besten generell das rote Kreuz, weil es dorthin durchläuft und kein „Umsteigen" erforderlich macht. Achten Sie aber bitte öfter auf die Markierung, denn einmal schlägt sie sich heimlich nach links in die Büsche.
Der etwa 7 Kilometer lange Weg zieht zunächst durch alte Buchenbestände und später, mit schöner Aussicht nach links ins obere Mosalbtal, immer in halber Höhe an den Hängen entlang. An den Häusern des „oberen Hammer", der an die früher im Tal betriebene Eisengewinnung und -verarbeitung erinnert, wird schließlich das heutige Zielgebiet erreicht.
Den Sirenengesang der an der Kreuzung nach rechts zeigenden Gasthausschilder mißachtend, wende man sich nach links und verfolge das Sträßlein kurz weiter

bis zu einem alten, gußeisernen Wegweiser, wo uns ein Treppenabstieg hinunter zum oberen Ende des Karlstals leitet.

Dieses Paradestück der heutigen Wanderung ist tausend Meter lang, aber ein Meter ist schöner als der andere! Bald rechts, bald links geht der Weg an der mun-

ter rauschenden, sprudelnden und mitunter kleine Kaskaden bildenden Mosalb entlang, von einem aus Steinquadern bestehenden pyramidenartigen Denkmal bis zu einem Stein mit lateinischer Inschrift am unteren Ende.

Dort sollte man nochmals kurz nach links hoch steigen zu einer halb natürlichen, halb künstlichen Höhle mit einem beschrifteten Stein, der an eine Sage der benachbarten Burg Flörsheim erinnert. Etwas weiter oben ragt ein großer Felsen mehrere Meter frei aus dem Hang heraus. Wieder im Tal, kommen wir am abschließenden Weiher vorbei. Dahinter liegen die Wirtschaften zum Karlstal und zur Klug'schen Mühle.

Auch wer Müdigkeit vorschützt, muß anschließend noch zur Doppelruine Wilenstein-Flörsheim hinaufsteigen. Der kurze Weg führt nahe beim Gasthaus zum Karlstal nach oben.

Neue Waldkapelle Johanniskreuz

Die Burg kam 1348 je zur Hälfte in den Besitz zweier Rittergeschlechter. Beide müssen für klare Verhältnisse gewesen sein, denn man trifft heute zwei zwar eng nebeneinanderstehende, aber sonst peinlich separierte Ruinen an. Die vordere, inzwischen als Schullandheim ausgebaute Burg Wilenstein besticht durch eine schöne Schildmauer mit einem alten gotischen Fenster. An den Steinen der dahinter liegenden Ruine Flörsheim sind neuerdings die alten Steinmetzzeichen sichtbar gemacht worden.

Beim Rückweg nach Johanniskreuz können ab oberem Hammer als erste Fleißaufgaben noch Trippstadt mit seinem sehenswerten Schloß von 1776 und das Neuhöfer Tal mit seinen Wohnwagen-Ansiedlungen erforscht werden, wodurch sich die angegebene Gehzeit natürlich entsprechend verlängert.

Wer auf einem anderen als dem Herweg mit dem sicheren roten Kreuz zurückwandern möchte, wähle entweder ab Trippstadt den grün-gelben bekreuzten Weg, der ebenfalls direkt zurückführt, oder peile vom oberen Hammer aus das Moosalbtal mit Gutenbrunnen- und Lauberhof an, in dessen oberem Teil Gelegenheit besteht, sich in einen bezifferten Pfad des örtlichen Wegnetzes einzufädeln. In welcher Richtung man ihn benutzt, ist fast gleichgültig, denn alle numerierten Wege des Lokalnetzes haben die angenehme Eigenschaft, wieder nach Johanniskreuz zurückzuführen.

Wandervorschlag 20

Von Johanniskreuz nach Taubensuhl

Ausgangsort: Johanniskreuz
Gehzeit: 4–5 Stunden
Einkehr: Forsthaus Taubensuhl
Anfahrt: MA-LU 65 km

Die Wanderung von Johanniskreuz nach Taubensuhl und zurück gilt als eine stramme Tagestour. Da sich aber der erste (und rückwärts letzte) Teil des Weges darin erschöpft, die Landstraße nach Rodalben zu begleiten, wollen wir durch folgenden Trick die Strecke verkürzen und den Genuß konzentrieren:
Von Johanniskreuz wird solange in Richtung Rodalben gefahren, bis die Straße nach Annweiler abzweigt. Man biegt mit dieser Straße nach links ab, parkt aber schon einige hundert Meter weiter den Wagen dort, wo rechts ein Pfad mit verschiedenen Wegzeichen und dem Schild „zum Hermersberger Hof" zur Höhe weist.
Dort stellt sich auch unser heutiger ständiger Begleiter, das rote Kreuz, ein. Es bringt uns in kurzer Zeit zum ersten Höhepunkt der Wanderung, zum Gipfel des Eschkopfes mit seinem Aussichtsturm. Nach der großen Schau über die Wälder geht es mit dem roten Kreuz auf der anderen Seite wieder abwärts. Unten

wird ein eingezäuntes Waldstück mit Hilfe von zwei Zaunübersteigen bezwungen. An seinem Ende queren wir letztmals die Landstraße, und der Wald nimmt uns endgültig auf.

Wer schon müde ist, oder wer nur faul ist, darf sich wenig später in ein nettes kleines Blockhäuschen, die Hubertushütte, setzen. Aber bitte nicht zu lange, denn

etwas weiter gemahnt ein Schild daran, daß es immer noch 6,8 Kilometer bis zum Ziel sind.

Der nächste Abschnitt führt hoch am Rand des schluchtähnlichen Wellbachtals hin und ermöglicht die Beobachtung des Autoverkehrs aus der Vogelperspektive.

Dann wendet sich die Route nach links. In einem Tannendickicht muß man etwas aufpassen, denn dort geht es vom Hauptweg über einen sehr schmalen Pfad nach rechts oben ab.
In völliger Waldesruhe wandern wir über eine Bergkuppe, vorbei an mehreren Wegweisern, die mit im-

Forsthaus Taubensuhl

mer kürzer werdenden Entfernungen locken, bis ein erstes konkretes Anzeichen in Form eines Teersträßchens erscheint.
Einen Kilometer vor Taubensuhl tauchen wir nochmals nach rechts in den Wald unter, und dann liegt an einer Waldecke das weiße Forsthaus wie eine Fata Morgana vor uns.
Die Einsamkeit des Waldplateaus darf nicht darüber hinwegtäuschen, daß wir uns hier auf städtischem Grund und Boden befinden: Das Forsthaus gehört, als wohl kleinster Stadtteil, der Stadt Landau.

Bevor man sich im Forsthaus – mit geschmackvoller Einrichtung und guter Küche – zur verdienten Brotzeit niederläßt, sollte man unbedingt an einer für diesen Zweck gerodeten Stelle hinter dem Haus auf die Waldberge der mittleren Pfalz schauen.

An Sonn- und Feiertagen ist das Forsthaus meist überfüllt. Wer außerhalb dieser Zeiten dort ankommt, findet ein Eldorado der Ruhe und Erholung vor. Beim Rückweg hält man sich wieder an das rote Kreuz.

Die Wanderung läßt sich im Winter ab Straßenüberquerung hinter dem Eschkopf auch sehr schön auf Skiern durchführen. Sogar – und besonders – für solche, die in der Skischule über den Schneepflug nicht hinausgekommen sind!

Wandervorschlag 21

Geilweiler Hof, Ruine Scharfeneck und Ruine Meistersel

Ausgangsort: Frankweiler
Gehzeit: 3-4 Stunden
Einkehr: Ramberger Waldhaus oder Landauer Hütte
Anfahrt: MA-LU 60 km

Unsere dreifache Rückblende in die bewegte historische Vergangenheit der Pfalz beginnt hinter Siebeldingen, das von Landau auf der B 10 über Godramstein erreicht wird. In Ortsmitte Siebeldingen geht es beim Hinweisschild „Hainfeld 8 km, Frankweiler 2 km" nach rechts ab auf die berühmte Deutsche Weinstraße. Nach einem Kilometer sichten wir im Rebenmeer links eine Insel, die ganz bestimmt etwas mit Wein zu tun haben muß (es ist ein Forschungsinstitut für Rebenzucht), und die so aussieht, als habe sie schon mehr als einen Jahrhundertwein erlebt. Das stimmt auch, denn es handelt sich um den Geilweiler Hof, ein ehemaliges Kloster, das erstmals im Bauernkrieg und danach noch öfter erstürmt und zerstört wurde, aber wie der Vogel Phoenix immer wieder aus der Asche erstand. Ein kurzer Besuch zeigt uns das schöne, um 1740 erbaute Herrenhaus. Besonders reizvoll ist es, von einem hinten links im Garten gelegenen Pavillon über die Reben zu schauen.

Der Weiterweg führt, immer noch per Auto, zunächst nach dem Weinort Frankweiler. Hinter der Kirche steuern wir nach links und verfolgen die Straße oben immer nach rechts weiter, bis sie von zwei Häusern bedrohlich eingeengt wird. Dahinter öffnen sich zwei Feldwege, von denen man den linken mit rot-weißer Markierung befährt – aber bitte langsam, denn er ist mehr schlecht als recht.

An einem Waldparkplatz wird dann der Zündschlüssel abgezogen und der zehnminütige Restweg zum

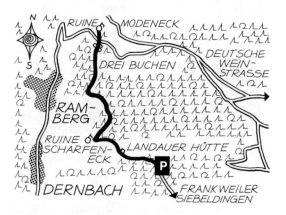

Zimmerplatz in Angriff genommen. Oben angekommen, suchen wir den Wegweiser mit der Aufschrift „Scharfeneck". Der Weg zieht links an der Landauer Hütte vorbei und führt in 10 Minuten zur Ruine Neu-Scharfeneck.

Ein Rundgang durch das Gemäuer lohnt sich. Besonders hübsch ist der Vorturm mit seiner steilen Treppe, der auch eine sehr gute Aussicht bietet.
Die Burg wurde um 1200 von einem Speyrer Bischof gegründet und gehörte später Kurfürst Friedrich dem

Ruine Neu-Scharfeneck

Siegreichen. Im Bauernkrieg 1525 wurde sie erstmals niedergebrannt und dann nach dem Wiederaufbau (wobei auch die imposante, ca. 60 Meter lange Schildmauer errichtet wurde) im Dreißigjährigen Krieg endgültig zerstört.
Wir kehren jetzt auf den Ankunftsweg zurück und nehmen den links abzweigenden Waldpfad mit dem

Schild „nach Ramberg" sowie dem schwarzen Punkt auf weißem Strich unter die Füße. Er mündet später in einen breiten Waldweg, dem wir in gleicher Richtung bis zum Waldplatz „Drei Buchen" folgen.

An einem schönen alten Grenzstein mit der Jahreszahl 1780 überqueren wir die Straße und laufen auf der anderen Seite mit dem schwarz-weißen Zeichen hoch zu den Resten der trutzigen Felsburg Meistersel oder Modeneck.

Und hier sind wir nicht nur geographisch, sondern auch historisch auf dem Höhepunkt unserer Wanderung angelangt: Kein Geringerer als Kaiser Friedrich Barbarossa gründete die Burg um 1250 zum Schutz der Feste Trifels.

Zerstört wurde sie mitsamt des an ihrem Fuße gelegenen Dorfes Modenbach im Dreißigjährigen Krieg. An der Stelle des früheren Dorfes befindet sich heute nur noch der Modenbacher Hof, der übrigens, wie auch die Burg selbst und der umliegende Wald, einer großen chemischen Fabrik in Ludwigshafen gehört.

Die Luft ist dort aber trotzdem gut!

Der Rückweg ist der gleiche wie der Herweg, jedenfalls entfernungsmäßig. Zeitlich ist er meist länger, weil am Waldparkplatz „Drei Buchen" das neu erbaute Ramberger Waldhaus und kurz vor dem Wagen nochmals die „Landauer Hütte" des Pfälzerwaldvereins liegen.

Wandervorschlag 22

Orensberg, Zimmerplatz und Ringelsberghütte

Ausgangsort: Albersweiler
Gehzeit: 3–4 Stunden
Einkehr: Landauer Hütte
Anfahrt: MA-LU 60 km

Diese drei bis vier Wanderstunden ersetzen Arzt, Sauna und Massage, lüften die Lungen gründlich durch und vermitteln zudem Eindrücke, die man so schnell nicht vergißt.
Von Landau fahren wir über Godramstein und Siebeldingen bis zur Ortsmitte von Albersweiler. Dort biegt von der B 10 spitz rechts die Straße nach Edesheim – Frankweiler ab. Sie bringt uns nach kurzer Zeit zu den Häusern des Weilers St. Johann, wo früher ein Nonnenkloster stand. Eines der alten Gebäude, erkennbar an seinen romanischen Fensterbogen, ist noch erhalten.
Hinter der Rechtskurve verläßt man die Straße nach links in Richtung auf das ausgeschilderte Gasthaus Annahof und achtet auf zweierlei: Auf den Gegenverkehr in der sehr schmalen Dorfstraße und auf eine Parkmöglichkeit, denn in dem engen Talausgang herrscht tatsächlich eine fast großstädtische Parkplatznot.

Nach Lösung dieses Problems kommen wir an dem sich am Ortsende öffnenden Tal mit einem entgegenströmenden Bächlein unmittelbar in die Natur und steigen entsprechend der Anweisung des weißen Striches mit schwarzem Punkt gleich am linken Hang hoch. An einem Waldpaß mit Ruhebank zeigt die Wegmarkierung eine halbe Stunde später dann mit

schicksalhafter Unerbittlichkeit hoch auf den steilen Gipfelhang des Orensberges.

Nach einer Gnadenfrist auf der Bank wird über einen schmalen Pfad schräg nach oben aufgestiegen. Auf halber Höhe gibt es die erste, wenn auch nur ideelle Belohnung in Form eines schönen Rückblicks auf den Gebirgsrand und unsere bisherige Wanderstrecke.

Weiter oben weist ein Schild nach links hoch zum Orensfels. Wohltuend schweißgebadet sind wir nach 1–1½ Stunden an der umzäunten felsigen Schaukanzel. Das Panorama ist wahrhaft einzigartig. Landau, Siebeldingen, Albersweiler, Annweiler mit allen drei Burgen und dem Asselstein, das Ramberger Tal mit der Ramburg, die Kurstätte des Vogelstocker Hofs und die Pfälzische Lungenheilanstalt liegen in der Runde. Sogar Eußerthal mit seiner alten Zisterzienser-Abtei lugt noch aus einem Bergwinkel hervor.

Nach einer Ehrenrunde um den Fuß des Felsens nimmt man mit schwarzem und blauem Punkt Kurs auf die Landauer Hütte des Pfälzerwaldvereins am Zimmerplatz. Rechts oben auf dem Kamm des Orensberges sind gelegentlich noch Reste eines keltischen Ringwalls zu sehen. Je nach der Schubkraft von Hunger und Durst kommen wir nach 15–30 Minuten zur Hütte, die an Sonntagen immer und an Samstagen meistens geöffnet ist. Dort werden zum Ärger unserer schlanken Linie die vorhin mühsam verbrannten Kalorien durch neue ersetzt.

Superwanderer können hier noch den Wandervorschlag 21 in die heutige Tour einschalten.

Von der Landauer Hütte geht es dann am Gefallenen-Ehrenmal vorbei mit dem blauen Punkt zur Ringelsberghütte, im Volksmund „Sackpfeif" genannt, die nach 30–45 Minuten auftaucht.

Dort ergibt sich ein besonders schöner Blick auf die Breitseite des vorhin überschrittenen Orensberges.

Der blaue Punkt wird an der Hütte aufgegeben, weil er nach Frankweiler weiterläuft. Wir queren ab Hütte über einen Kahlschlag zum dem Orensberg zugewandten Hang des Ringelsberges hinüber, suchen und finden am Waldrand einen abwärts führenden Waldweg

und passieren auf ihm einen vom Pfälzerwaldverein erbauten Brunnen an einer Suhle sowie eine erste und eine zweite Bank.
Auf die zweite müssen Sie sich setzen. Nicht aus Müdigkeit, sondern um die sich gegenüber in einer Kiefernschonung öffnende enge Pforte zu entdecken, die den Schlüssel für den nach rechts unten ziehenden Abstiegspfad bildet.
Nach einer Viertelstunde sind wir an den beiden letzten Bänken der Wanderung und haben dort St. Johann und Albersweiler buchstäblich zu Füßen liegen. Über ein – wenn man auf der Bank sitzt, rechts beginnendes – vielfach gewundenes Weglein wird abschließend das Ortsende von St. Johann wieder gewonnen – und damit, trotz eventuellen Kniezitterns, sicher auch die Überzeugung, daß es unmöglich gewesen wäre, diesen halben Tag noch schöner zu verbringen.

Wandervorschlag 23

Nach Ramberg und auf die Ramburg

Ausgangsort: Ramberg
Gehzeit: 1–2 Stunden
Einkehr: Ramberg oder Dernbach
Anfahrt: MA-LU 65 km

Das Ramberger Tal ist ein Schatz unter Schätzen – besonders zur Zeit der Kirschbaumblüte. Hunderttausende brausen auf der nahen B 10 daran vorbei, aber nur wenige finden den Weg dorthin.
Wollen Sie dazugehören? Dann blinkern Sie, mit dem Auto von Landau kommend, in Albersweiler kurz vor Ortsende, wo es links über eine Brücke nach Annweiler weitergeht, von der Hauptstraße nach rechts in Richtung Eußertal – Ramberg.
Unter Mißachtung einer linken Nebenstraße in Richtung Queichhambach – Annweiler erreicht man bei der nächsten nach rechts abbiegenden Straße bereits den Eingang des Ramberger Tals. Geradeaus geht es nach dem ebenfalls sehr schönen Eußerthal mit Resten eines großen Zisterzienserklosters und beachtenswerter Klosterkirche aus dem 13. Jahrhundert.
Unser heutiger Weg nach rechts ins Ramberger Tal bringt uns über Dernbach in die Gemeinde Ramberg. Ramberg ist übrigens eine Verwandte des – nur weitaus bekannteren – Pfälzer Dorfes Mackenbach bei

Kaiserslautern. So wie die „Mackenbächer" mit ihrer Musik einst die ganze Welt bereisten, waren früher die Ramberger mit ihren selbstgefertigten Bürstenwaren ebenfalls überall anzutreffen. Heute noch finden sich bei einem Rundgang durch das Dorf zahlreiche Kleinbetriebe dieses alten Gewerbes.

Das Dorf wird bis zur Einmündung in eine Querstraße durchfahren. Dort sind auch die Schilder des örtlichen Wegenetzes angebracht.

Zum Besuch der Ramburg empfehlen wir die nach rechts führende Straße. Man fährt zunächst am Schild

„nach Edenkoben 14 km" vorbei und von dort noch 200 Meter weiter. Links fängt dann der durch eine Bank mit Birken gekennzeichnete Fußweg zur Burg an. Wer gemütlich gehen möchte, verfolge den gut gekennzeichneten Weg etwa 20 Minuten lang, bis weiter hinten eine scharfe Linkskurve und ein Schild den Startpunkt des eigentlichen Aufstiegs melden.

Ruine Ramburg

Nebenbei ist der Gang auf dem Feldweg, zwischen dem links aufragenden Berg und einem schönen Seitental, zwischen Feldern, Gärten und Wäldern, recht hübsch.
Wer mehr für die direkte Methode ist, mag den Weg an beliebiger Stelle nach links verlassen und kommt dann wesentlich früher, wenn auch mit stärkerer Puste, oben in der Burg an.

Sie wurde von Kaiser Friedrich Barbarossa im 12. Jahrhundert gegründet; 1356 entstand am Fuß das Dorf. Burg und Dorf fielen nach unruhiger Geschichte dem Dreißigjährigen Krieg zum Opfer. Das Dorf erholte sich von diesem Schlag, die Burg nicht.

Dafür blieb uns Heutigen eine höchst malerische Ruine, deren Fernansicht besonders durch die zum Teil erhaltene starke Ringmauer wirkt. Ein Gang durch die Ruinen und der Blick hinüber zu den Schwesterburgen Scharfeneck, Meistersel und Trifels runden den Eindruck ab.

Bei der Rückkehr von dieser oder einer anderen Autowanderung sollte man sich unbedingt das historische Landau etwas näher ansehen. Die Stadt wartet mit der um 1300 erbauten frühgotischen Stiftskirche und der um 1400 entstandenen gotischen Augustinerkirche auf. Während der über hundertjährigen Zugehörigkeit von Landau zu Frankreich baute Vauban die Stadt zur „stärksten Festung der Christenheit" aus. Zum Heranschaffen des Baumaterials ließ er einen Kanal von Albersweiler nach Landau ausheben, der heute noch – wenn auch wesentlich schmaler geworden – existiert. Zwei Tore der alten Festung, das deutsche und das französische, haben die Zeitläufe überdauert und bieten sich mitsamt jeweils einem Strahlenhaupt des Sonnenkönigs Ludwig XIV. zur Besichtigung an.

> Wandervorschlag 24

Annweiler Drei-Burgen-Wanderung

Ausgangsort: Annweiler
Gehzeit: 1–2 Stunden
Einkehr: Annweiler oder Gaststätte am Trifels
Anfahrt: MA-LU 70 km

„Annweilers Berge seh' ich wieder und ihre Burgdreifaltigkeit. . ." (Victor von Scheffel).
Der heutige Autotourist hält es mehr mit der Burgdreifaltigkeit. Er befährt die Trifelsstraße bis zu ihrem letzten Zentimeter und sieht sich, eingekeilt in Besuchermassen, lediglich den Trifels an.
Wahrscheinlich nur deshalb, weil er nicht weiß, wie sehr sich dieser Gang durch Einbeziehung der beiden anderen Burgen auflockern läßt.
Wir wollen es besser machen und benutzen die Trifelsstraße nur etwa 6 Kilometer lang. Am Beginn ihrer Endschleife befindet sich rechts ein Parkplatz für unseren Wagen. Von dort aus laufen wir hinüber zum von der Gabelung der Trifelsstraße umschlossenen Bergwinkel, wo ein Pfädchen mit gelbem und blauem Strich in milden Steigungen zur Burgruine Scharfenberg oder volkstümlich zur „Münz" (die Stadt Annweiler besaß im 13. Jahrhundert Münzhoheit und ließ dort ihre Münzen schlagen) führt. Glanzstücke der Burg sind

der Bergfried und die noch erhaltene Nordmauer des Haupthauses mit einem schönen Erkerfenster.
Wenn wir wieder vor der Eingangsseite des Bergfriedes stehen, öffnet sich in unserem Rücken ein Waldpfad, der zur Scharte zwischen Münz und Anebos leitet. Dort tauchen plötzlich mächtige Felskolosse auf.
Am Fuß des ersten Felsens wendet man sich sofort nach rechts durch eine kleine Schlucht zur Rückseite der Felsgruppe, die aus zwei Riesen und drei Zwergen besteht.
Der erste Riese, der Münzfels oder Hase, gehörte früher zur Anlage der Münzburg. Der zweite Riese (mit

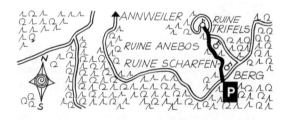

Wetterfahne) gehört heute den Kletterern. Die bei unserem Spaziergang links aufragende Jungturm-Ostwand gilt als eine der schwersten Pfalzklettereien.
Nach Passieren der Zwerge findet sich ein Pfad mit dem Schild „Anebos". Bald darauf stehen wir vor dem so benannten Felsen. Von der früheren Burg ist indessen nicht mehr viel zu sehen.
Wieder wird ein Gipfel verlassen und die nächste Scharte angesteuert. Dort ereilt uns die Zivilisation in

Der Trifels

Gestalt eines Restaurants und des Endpunktes der Trifelsstraße, und dort beginnt auch der Aufstieg zur größten der drei Burgen.
Mit dem Trifels haben wir einen Brennpunkt der deutschen Geschichte vor uns. Sein Name ist verknüpft mit dem Heiligen Römischen Reich Deutscher Nation unter den salischen, fränkischen und Hohenstaufen-Kaisern.
Der erste Salier, Konrad II., gründete die Burg im 11. Jahrhundert. Sie wurde 1081 n. Chr. erstmals urkundlich erwähnt. Heinrich V. machte sie durch die Einkerkerung seines Kanzlers (1113) und anderer Würdenträger zum Prominenten-Gefängnis. Von 1193 bis 1194 wurde hier auch der englische König Richard Löwenherz festgehalten.

Daneben diente die Burg 150 Jahre lang auch als Aufbewahrungsort der Reichskleinodien, zeitweise auch als Hort der staufischen und normannischen Thronschätze.

Seinen Höhepunkt erlebte der Trifels unter den Hohenstaufenkaisern Friedrich I. Barbarossa, Heinrich VI. und Friedrich II. In dieser Zeit wurde der Palas mit dem im ganzen Reich berühmten Thronsaal aus Marmor erbaut. Der Trifels wandelte sich von der Trutz- zur Prunkburg.

Aus dem Mittelalter ist der Spruch überliefert: „Wer den Trifels hat, hat das Reich".

Die Burg wurde nie erobert und überstand sogar den Bauernkrieg. Im 17. Jahrhundert vernichtete ein Blitzschlag den Palas. Später wurde der Trifels ganz aufgegeben und diente zeitweise als Steinbruch.

Seit 1935 wird er nach Plänen des Architekten Professor Esterer (München) systematisch wieder aufgebaut. Heute vermittelt die Burg schon einen recht guten Eindruck ihrer einstigen mittelalterlichen Pracht.

Wandervorschlag 25

Von der Kaiserkrone zu Max Slevogt

Ausgangsort: Annweiler
Gehzeit: 1–2 Stunden
Einkehr: Gutshof Neukastel
Anfahrt: MA-LU 70 km

Auf das Epos der Annweiler Drei-Burgen-Wanderung folgt zum Ausgleich ein mehr besinnlicher und sogar kunstgeschichtlich gefärbter Spaziergang in und um Annweiler.
Denn die über 700 Jahre alte Stadt ist als bloße Durchgangsstation zum Trifels oder für die Weiterfahrt wirklich zu schade.
Stellen Sie also die Benzinkutsche für eine Stunde in der Ortsmitte ab, am besten auf dem Platz vor dem Rathaus. Bummeln Sie zu Fuß durch die Straßen und lassen Sie sich von den schönen alten Fachwerkhäusern beeindrucken. Und sehen Sie sich die großartigen Freskomalereien des Pfälzer Malers Adolf Kessler im Rathaus, im Hohenstaufensaal und in der katholischen Kirche an. Die früher im Rathaus untergebrachte sehenswerte Nachbildung der deutschen Kaiserkrone befindet sich jetzt auf dem Trifels.
Am Ende der Stadtwanderung drücken wir auf den Anlasser, suchen die grün beschilderte Trifelsstraße

und befahren sie etwa 6 km weit bis zum Naturpark-Parkplatz Ahlmühle.

Dort werden wir durch das Schild „Slevogthof-Neukastel, Gutsausschank 20 Minuten, freitags Ruhetag" auf unsere Wanderstrecke eingewiesen. Wem die je 20 Minuten Hin- und Rückweg zu wenig sind, der kann sich auch für den über den Zollstock, den Hexentanzplatz an den Förläckern und die Ruine Neukastel führenden Rundweg entscheiden und hat dann die hier beschriebene, einfache Strecke als Rückweg.

Sieger auf dieser Strecke ist jedoch nicht der, der zuerst, sondern der, der zuletzt ankommt. Denn der Pfad

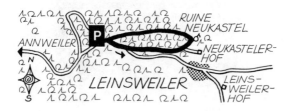

hat alle Vorteile einer genüßlichen Wanderung für sich: Er ist sonnig und doch nicht so sonnig, nicht immer eben und doch nicht steil, nicht zu lang und nicht zu kurz. Und er führt zu einem nicht alltäglichen Ziel. Denn was zum Schluß durch die Bäume schimmert, ist kein x-beliebiger Bauernhof, sondern das Gut Neukastel, das heute noch von den Nachkommen des Malers Max Slevogt bewohnt und bewirtschaftet wird.

Max Slevogt, der 1932 hier oben in seiner Wahlheimat starb (er stammte aus Landshut in Bayern), zählt neben Max Liebermann und Lovis Corinth zu den großen Malern des deutschen Impressionismus. Am be-

Kaiserkrone

kanntesten ist wohl sein Bild des Sängers D'Andrade als Don Juan, das in Hannover hängt.
Unseren Augen stellt sich ein Gemälde von andersartigem Reiz vor: Der Blick hinaus in die Ebene, hinüber zu den Ruinen der Madenburg und hinunter auf die spitzen Dächer des Dorfes Leinsweiler.
Das auffallende Gebäude links ist die empfehlenswerte Gaststätte zum Leinsweiler Hof mit zahlreichen Bildern von Slevogt.

Wenn wir gerade von Gaststätten sprechen: Der Slevogt verfügt über eine nette Gutsschänke, deren Angebot den Vorzug genießt, fast restlos aus eigener Produktion zu stammen.

Im Gutsgebäude befinden sich ebenfalls noch Zeichnungen sowie Wand- und Deckengemälde aus der Hand von Max Slevogt.

Wer will, kann vom Gut aus anschließend durch den Wald auf den Felsen steigen, der den Hügel krönt. Unbedeutende Mauerreste künden von der ehemaligen Burganlage Neukastel. Nicht ganz so unbedeutend waren dagegen die früheren Besucher der 1679 zerstörten Burg: Unter anderen suchte 1620 der Schwedenkönig Gustav Adolf hier seinen Schwager, den Pfalzgrafen Johann Kasimir von Zweibrücken, auf. Beim Rückweg zum Wagen achte man darauf, daß wenige hundert Meter nach dem Slevogthof an einer Weggabelung der richtige Weg nach links (Fahrverbotsschild) geht. Zum abschließenden Aufsuchen des Parkplatzes wird ab und zu der massige Münzturm als General-Wegweiser anvisiert.

Wandervorschlag 26

Zum Annweiler Forsthaus und nach Hofstätten

Ausgangsort: Rinnthal
Gehzeit: 2–4 Stunden
Einkehr: Annweiler Forsthaus oder Hofstätten
Anfahrt: MA-LU 70 km

Dies ist die modernste aller Pfalzwanderungen: Die Wanderung nach dem Baukastenprinzip.
Denn man kann die in der Überschrift genannten Ziele komplett erwandern oder komplett mit dem Auto ansteuern. Man kann kombinieren, und man kann die erste oder die zweite Hälfte einsparen. Man kann sogar die ganze Tour bleiben lassen.
Wer das nicht will (und es wäre auch wirklich schade), fahre von Annweiler auf der B 10 westwärts durch Sarnstall und Rinnthal. Hinter Rinnthal geht rechts eine Straße in Richtung Johanniskreuz ab; wir tun das gleiche. Nach etwa 4 Kilometer Fahrt durch die besonders im Frühjahr zauberhafte Schönheit des Wellbachtals wird hinter einer kleinen Straßenbrücke mit eisernem Geländer vor einem Schild „Zum Forsthaus Annweiler" nach links gebogen.
An einem gesprengten Westwallbunker scheiden sich die Geister. Nach rechts öffnet sich das Tor zur Hölle in Form der für Autos offenen Zufahrt zum Annweiler

Forsthaus. Nach links führt über die mit einer Schranke versehene Waldstraße ein Weglein ins Wanderer-Himmelreich.

Hinter der Schranke sehen wir auch sofort den blaugelben Strich, der über das Forsthaus nach Hofstätten weist. Allerdings darf man die Stelle nicht verpassen, wo sich der Wanderpfad wenige hundert Meter nach der Schranke fast unbemerkt nach rechts oben verzieht.

Ansonsten brauchen Sie nichts zu tun, als der blaugelben Markierung zu folgen. An einem Wasserwerk-Häuschen vorbei bringt sie uns in ständiger leichter Steigung nach etwa einer Stunde zum Annweiler Forsthaus mit Waldgaststätte (Donnerstag Ruhetag).

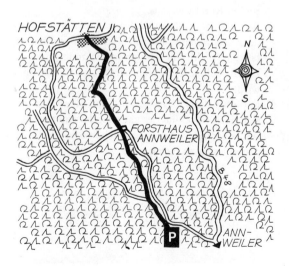

Mit dem alten Wegzeichen wird in einer weiteren Stunde das Dörfchen Hofstätten erreicht. Diesen abseits liegenden Ort sollten sich alle ins Notizbuch schreiben, die aus irgendwelchen Gründen einmal für einige Zeit völlig abschalten wollen oder gar müssen (2 Gasthäuser).

Zum Schluß einige der Baukasten-Möglichkeiten:

1. Wer nicht lange wandern möchte, stellt den Wagen am gesprengten Bunker ab und läuft bis zum Forsthaus und zurück. Dieser Weg ist etwas abwechslungsreicher als der vom Forsthaus nach Hofstätten.
2. Wer von einem gastronomischen Stützpunkt aus rundwandern möchte, fährt bis zum Forsthaus und sucht sich einen der dort ausgeschilderten numerierten Rundwege aus.
3. Wer sich nach der unter 1 genannten Wanderung noch anstrengungslos für Hofstätten interessiert, fährt im Wellbachtal weiter in Richtung Johanniskreuz, bis links die Zufahrtstraße zum Ort sichtbar wird.
4. Für Strategen gibt es verschiedene Möglichkeiten, sich nach Abschluß der ganzen oder einer teilweisen Fußwanderung wieder irgendwo mit dem Wagen abholen zu lassen.

Wandervorschlag 27

Von Rinnthal zur Wilgartisburg

Ausgangsort: Rinnthal
Gehzeit: 2–3 Stunden
Einkehr: Rinnthal oder Wilgartswiesen
Anfahrt: MA-LU 70 km

Alle B 10-Wandervorschläge dieses Büchleins führen von der Bundesstraße weg – wenn sich auch, wie wir hoffen, das Weggehen in jedem Fall lohnen wird.
Die B 10 ist aber eine landschaftlich so schöne Route, daß man sie ruhig auch einmal ein Stück zu Fuß begleiten kann. Hierfür haben wir nachstehend ihren schönsten Teil ausgesucht:
Zunächst geht es auf Rädern von Annweiler in Richtung Pirmasens. Nach Sarnstall (noch Ortsteil von Annweiler) wird das Dorf Rinnthal mit seiner merkwürdigen Kirche durchquert.
Die Sache mit dieser Kirche ist übrigens ein einmaliger Fall. Um 1830 reichte die Gemeinde bei der zuständigen Behörde in München Pläne für den Bau einer bescheidenen Dorfkirche ein. Die Bayern erwiesen sich als großzügig: Sie erteilten die Erlaubnis zum Bau eines prunkvollen Gotteshauses und schickten die Pläne dazu gleich mit. Mitten im Bau erschien dann allerdings ein sehr aufgeregter Regierungsvertreter und erklärte, daß die Baupläne für die Dorfkirche unglückli-

cherweise mit denen einer Kirche für eine größere Stadt vertauscht worden seien. Doch es war zu spät. Wegen des starken Baufortschrittes konnten die Arbeiten nicht mehr eingestellt werden. So kam Rinnthal zu seiner pompösen klassizistischen Kirche.
Wir lassen sie rechts liegen, fahren zum Ende des Dorfes und parken dort in der Nähe der rechts abzweigenden Straße nach Johanniskreuz den Wagen, entweder bei der Wirtschaft „Zum Wellbachtal" oder links der

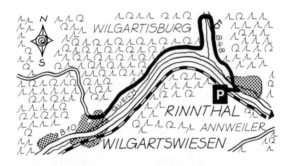

Straße auf einem Holzlagerplatz. Dann geht es noch ein kurzes Stück zu Fuß an der B 10 entlang. Vorbildliche Fußgänger laufen links!
Einige hundert Meter weiter zeigt sich rechts ein stark fallender Feldweg mit einem Fahrverbotsschild. Hier lassen wir die Straße hinter uns, um immer parallel mit ihr die kleine Wanderung am Waldrand fortzusetzen. Wegzeichen ist der Wilgartaturm, ein in Richtung Wilgartswiesen im Tal aufragender Felskoloß.

Zwischen Queichbach und Waldrand geht man gemächlich weiter und bewundert die langsam näher rückende Silhouette der neuromanischen Kirche von Wilgartswiesen, die, am Beginn des Ortes mitten in das

Kirche in Rinnthal

Tal gebaut, eine ganz eigenartige Synthese von Landschaft und Baukunst darstellt.
Wenig später zieht der Weg zwischen einem Fischweiher und dem Wilgartaturm hindurch. Hier beginnen auch die Schilder mit der Aufschrift „Zur Wilgartaburg". Besser hält man sich an das Wegzeichen des

schwarzen W auf weißer Scheibe, das uns unmittelbar am Ende des Fischweihers nach rechts durch einen kleinen Tannenwald in ein leicht ansteigendes Seitental bringt.

Von dort aus ist der Weg zur Ruine nicht mehr zu verfehlen. Er führt, zuletzt steil, in einen Sattel und von dort am Felsmassiv entlang über einen Holzsteg und Steintreppen zum Ziel.

Die Burg, heute weitgehend zerstört, war um 800 Wohnsitz der Gründerin des Ortes Wilgartswiesen, der Gräfin Wilgarta von Blieskastel.

Die Aussicht von hier oben ist reizvoll. Sie richtet sich zunächst in die Mitte des Queichtals mit der betriebsamen B 10, dahinter schließt sich die spielzeugartig wirkende Bahnlinie an, über die hinweg der Blick auf gewaltige abstürzende Hänge trifft. Weiter rechts, zwischen Bahnlinie und Gegenhang, schaut das Felsgebilde des Darsteins mit seinem helmartigen Gipfelbau hervor.

Nach einer geruhsamen Gipfelstunde geht es weiter – entweder für alle Teilnehmer zurück zum Wagen oder für alle außer einem (der den Wagen dorthin bringt) nach Wilgartswiesen zum kühlen Umtrunk.

Wandervorschlag 28

Das Stephanstal bei Hauenstein

Ausgangsort: Hauenstein
Gehzeit: 2 Stunden
Einkehr: Hauenstein
Anfahrt: MA-LU 75 km

Wenn die viel gesungenen Worte „Du mein stilles Tal" auf ein wirkliches Tal zutreffen – dann auf das Stephanstal bei Hauenstein!
Ein Pfälzer Wald- und Wiesenparadies – fünf Minuten von der B 10 entfernt. Aber die wenigsten wissen davon.
Vielleicht winken nach Erscheinen dieses Führers mehr Autos als bisher hinter Wilgartswiesen (Strecke Annweiler – Pirmasens) am Gasthaus zur Falkenburg nach links ab, wo sich ein Sträßlein mit der Ankündigung auftut: Hauenstein 2 km.
Die romantische Ouvertüre bildet ein langer, dunkler Straßentunnel (bitte hupen, am Ende scharfe Rechtskurve).
Im Ort selbst fährt man zunächst geradeaus bis zum Marktplatz und biegt hinter ihm rechts ab. Nach knapp hundert Meter geht's nach links in die Dahner Straße und in ihr bis zum letzten Haus. Dort ist es dann sowohl verkehrspolizeilich als auch erlebnismäßig ge-

boten, den Wagen zu verlassen und den ins Tal weiterführenden Weg zu Fuß zu gehen.

Der Taleingang wird links flankiert vom Massiv des Burghalderfelsens. Als Vorposten fungiert ein abweisender Felsturm, die Hauensteiner Puppe, mit ihrem allseits überhängenden Gipfelaufbau.

Vor einem halben Jahrhundert war die „Puppe" der Schrecken aller frühen Pfalzkletterer. Zahlreiche Seilschaften scheiterten am Überhang, bis 1911 Fritz Mann aus Ludwigshafen als erster Mensch auf dem Gipfel stand.

Unsere Wanderung ins Tal hinein fängt mit dem von der Straße aus weiterführenden, rechten Feldweg an. Von ihm aus sehen wir in Abständen die gegenüber im Wald stehenden Wegweiser, mächtige Felstürme aus Buntsandstein.

Auf die Hauensteiner Puppe folgt zuerst der Hauensteiner Turm, ebenfalls ein schwieriger Kletterfels.

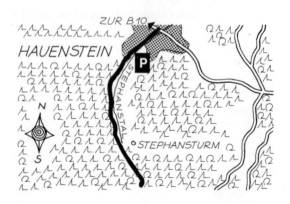

Hauenstein, Pieta

Weiter hinten stehen die beiden Stephanstürme mit ihrer hohen Talwand und zuletzt, über den Bäumen, die Wolfsfelsen.
Sie melden – nach einer knappen Stunde Gehzeit – das Ende des Tals.
Ein Wirtshaus hat sich hier noch nicht etabliert. Wer Durst verspürt, mag ihn auf stilvollere Weise löschen: Am klaren Wasser der Wolfsquelle. Sie wird erreicht, indem wir am Talende – immer dem begangenen Feldweg nach – in einer großen Endschleife zur gegenüberliegenden Talseite wechseln. Nach den ersten Metern in der Gegenrichtung liegt dann links unten die eingefaßte Wolfsquelle.

Freundliche Menschen deponierten dort eine Schöpfkelle. Ob sie wohl noch dort liegen wird?
Der Rückweg auf der gegenüberliegenden Talseite leitet uns fast am Fuß der Hauensteiner Puppe vorbei wieder in den Ort zurück. Wer will, kann hinter der Puppe das nächste Tal nach rechts auslaufen. Er findet dann unterhalb des Backelstein-Felsens ein kleines Waldschwimmbad. Wer mehr für innere Befeuchtung ist, kann in einer der netten Gaststätten des Ortes einkehren und die soeben gewonnene Kenntnis des Landes noch um die Kenntnis der Leute bereichern.
Denn nicht nur die Umgebung, auch der Ort selbst ist hochinteressant. Noch die Urgroßväter der heutigen Einwohner schlugen sich mühsam als Waldbauern, Bilderhändler und sogar als Windmühlenbauer durch. 1886 entstand dann eine Hausschuhfabrik, und heute imponiert Hauenstein mit den stolzen Zahlen von 4500 Einwohnern und 30 Schuhfabriken mit 3000 (!) Beschäftigten.
Zur Naturschönheit und zur wirtschaftlichen Blüte tritt noch ein altes Kulturdenkmal: Die Hauensteiner Pieta, eine um 1400 entstandene romanische Holzplastik. Sie steht in der Kapelle St. Katharina, der 1512 erbauten alten Pfarrkirche des Ortes. (An der Straße nach Lug steht links ein neuerer Kirchenbau; man geht an ihm vorbei und durch den Friedhof zur bereits sichtbaren alten Kapelle. Den Schlüssel zu ihr erhalten Sie jederzeit in dem Karmelitinnen-Kloster, das sich hinter der Kapelle befindet.)

Wandervorschlag 29

Ein Spaziergang auf die Falkenburg

Ausgangsort: Wilgartswiesen
Gehzeit: 1 Stunde
Einkehr: Wilgartswiesen
Anfahrt: MA-LU 75 km

Dieser Vorschlag dient in der Hauptsache als Beweis dafür, wie sehr in der Pfalz das Wanderglück buchstäblich am Wege liegt.
Denn während der Autowanderer zum Beispiel im Ruhrgebiet oft auf hundert Kilometer Fahrstrecke vergeblich nach einer Spaziergelegenheit Ausschau hält, brauchen wir in der Südpfalz den Wagen nur wenige Meter von der vielbefahrenen B 10 wegzustellen, um sofort aus dem Bannkreis des Verkehrs in den der Natur überzuwechseln.
Um diese Behauptung zu beweisen, benutzt man die B 10 von Annweiler in Richtung Pirmasens bis zum Ort Wilgartswiesen. Am Ortsende steht rechts ein Gasthaus mit der Aufschrift „Zur Falkenburg", und mit dem Abstellen des Wagens auf dem dortigen Parkplatz haben wir sofort eine doppelte Ausgangsbasis gebildet.
Zwischen zwei felsgekrönten Hängen öffnet sich, im rechten Winkel von der B 10 wegführend, ein kleines Tal. Schon wenige Meter nach seinem Beginn macht

ein schwarzes F auf einer weißen Scheibe auf einen links abzweigenden Pfad aufmerksam. Wer möchte dieser Einladung widerstehen?

In langen und bequemen Serpentinen über die ganze Breite des Berges bringt uns der Weg durch schönen Wald in einer halben Stunde zum Fuß der vorderen Felsbastion. Dort beginnt eine kühne Schwebetreppe,

an deren Ende man mit etwas Phantasie den Eingang eines tibetanischen Klosters vermuten könnte. Sie führt etwa 20 Meter über dem Boden durch ein aus dem Felsen gehauenes Steintor in das Innere der Burgruine Falkenburg.

Diese erstmals Mitte des 13. Jahrhunderts erwähnte ehemalige Reichsburg hatte ursprünglich die Aufgabe, das damals reichsunmittelbare Tal von Siebeldingen vor Zöllen und Abgaben zu schützen. Im Dreißigjährigen Krieg wechselten sich Kaiserliche und Schweden in ihrem Besitz ab. Um 1700 wurde die Festung schließlich von den Franzosen zerstört.

Als Ersatz bauten die Eigentümer am Fuß des Hügels,

Der Otto-Wendel-Turm

in der Nähe der heutigen Wirtschaft, das Schloß Neu-Falkenburg, von welchem bei näherem Hinsehen im Talgrund noch einige Mauerreste zu entdecken sind. Doch zurück zur Gegenwart. Von der Plattform der Burg hat man eine gute Sicht auf Wilgartswiesen und

Hauenstein sowie die Felsen und Wälder der näheren Umgebung. Besonders auffallend wirkt der kecke Fels-Zuckerhut des Otto-Wendel-Turmes, der links von Hauenstein vereinzelt vor einem Felsmassiv steht. Der Rückweg vollzieht sich wieder über die Schwebetreppe. Wer es eilig hat, darf von ihrem Ende auf die vor der Burg liegende Plattform gehen und, einen Ausfall der Belagerten nachempfindend, zu Tale stürmen. Wer Zeit hat, geht über den Aufstiegspfad zurück. Und wer ganz klug ist, schließt an die Besteigung der Falkenburg noch einen Spaziergang in den Hintergrund des Tales an, bevor ihn das Gasthaus zur Rast und die B 10 zur Weiterfahrt aufnimmt.

Wandervorschlag 30

Ins Zieglertal

Ausgangsort: Hinterweidenthal
Gehzeit: beliebig
Einkehr: Hinterweidenthal
Anfahrt: MA-LU 85 km

Ein Wirklichkeit gewordenes Bild von Hans Thoma – und eines der schönsten und zugleich unbekanntesten Täler der Südpfalz.
Und das, obwohl die vielbefahrene Bundesstraße 10 direkt daran vorbeiführt.
Das Paradoxe an der Sache ist, daß wir die Stille und Abgeschiedenheit ausgerechnet der vielgelästerten modernen Technik verdanken. Denn das Zieglertal hat von Natur aus einen breiten Ausgang nach Süden. Kein Wunder, denn dort entspringt der größte Wasserlauf des Wasgaus, die Wieslauter.
Bei der Anlage der Bahnlinie Landau-Pirmasens wurde das Tal jedoch zum Ärgernis der Techniker. Um keine Brücke bauen zu müssen, schüttete man damals quer über die Talmündung einen gewaltigen Bahndamm auf. Da aber vorauszusehen war, daß sich die wasserreiche Wieslauter dieses Verfahren nicht gefallen lassen würde, erhielt der Damm gleich ein Tunnel, durch den jetzt einträchtig der Bach den Weg ins Freie und eine Fahrstraße den Weg ins Innere suchen.

Der Tunnel wirkt jedoch von der B 10 aus so unscheinbar, daß die meisten motorisierten Erholungsuchenden noch nicht einmal den Fuß vom Gaspedal nehmen.

Wer es dagegen weiß, den erwartet hinter der chinesischen Mauer des Bahndamms ein Märchental, so richtig geeignet für luft- und sonnenhungrige Großstädter, welche die Natur ohne größere Anstrengungen genießen wollen.
Also: Auf der B 10 von Landau über Annweiler und Wilgartswiesen bis Kaltenbach-Hinterweidenthal. Ab dem Bahnübergang vor dem Ort wird langsamer ge-

fahren, bis man hinter der Kurve eine blaue Tankstelle sieht. Wenige Meter vor ihr blinkern wir nach rechts in einen Fahrweg ein, der sofort in den eingangs erwähnten Tunnel und anschließend in einen kleinen Parkplatz mündet.

Das Tal bietet vieles. Einmal den ungebärdigen Bach, der immer neue Formen des Auseinander- und Zusammenfließens findet. Dann den Landschaftscharakter selbst, der sich ganz allmählich vom breiten Wiesen- zum engen Waldtal wandelt. Entsprechend werden auch die begleitenden Waldberge im Hintergrund strenger.

Das Schöne an der Wanderung ist, daß Sie die Sonne sowohl aufsuchen als auch meiden können. Im Frühjahr und Herbst empfiehlt es sich, taleinwärts rechts auf der für den öffentlichen Verkehr gesperrten Forststraße zu wandern. Im Hochsommer geht man dagegen besser links auf dem im Wald verlaufenden Fußpfad mit dem roten Strich, der allerdings am Wieslauterhof das Tal verläßt. Ideal ist es ferner, daß jeder die Länge der Wanderung selbst bestimmen kann. Das Tal ist etwa 7 Kilometer lang.

Wer den Tag noch vor sich hat, kann auch vom Zieglertal zum Hermersberger Hof aufsteigen – entweder mit Hilfe des blau-roten Striches, der kurz hinter dem Tunnel rechts hoch führt, oder vom Ende des Tales aus.

Wandervorschlag 31

Von Kaltenbach zum Merzalber Schloß

Ausgangsort: Hinterweidenthal
Gehzeit: 4–5 Stunden
Einkehr: Hinterweidenthal
Anfahrt: MA-LU 85 km

Wenn es in der Pfalz nicht so viele schöne Wanderungen gäbe ... dann wäre das bestimmt die schönste! Aber auch ohne Spitzenprädikat ist sie eine herrliche Sache – für Leute, die sich mal so richtig auslaufen und dabei noch einige interessante Punkte kennenlernen wollen. An Werktagen hat die wirtshauslose Tour zudem noch den Vorteil, daß man unterwegs meistens kaum eine Menschenseele antrifft.

Die Verwandlung vom motorisierten Verkehrsteilnehmer zum Wandersmann findet genau wie beim Vorschlag 30 durch Rechtsabbiegen von der B 10 und Passieren des zum Zieglertal leitenden Tunnels statt. Im Gegensatz zum allgemeinen Zieglertal-Bummel begeben wir uns aber jetzt zielstrebig über eine kleine Brücke zum (vom Tunnel aus gesehen) linken Waldrand. Gleich an der dortigen Waldecke führt ein schmaler Pfad mit dem Wegzeichen der weißen Scheibe schwungvoll in die Höhe.

Oben werden einige kahle Hänge traversiert, es geht zwischen einem Bergsturz durch und um eine felsige

Ecke (mit Spezialdurchgang für Kinder und Narren) – kurz, mancher Hochgebirgspfad kann's auch nicht besser!

Später wandern wir, immer leicht steigend, durch Buchenwald und über einige Treppen auf die Schlußserpentinen zur Felswand des Rotensteins. Der Rückblick von oben auf das Zieglertal und Kaltenbach ist großartig! Für Vorsichtige ist das Geländer auf der Felsplatt-

form da, für Müde die offene Rotensteinhütte, und für Kühne zieht sich in halber Höhe nochmals eine versicherte, schmale Galerie um die Felswand.

In der nächsten Stunde nimmt uns ein sehr ausgeglichener Waldpfad – ebenfalls mit weißer Scheibe – auf. An einer Wegkreuzung geht es zwischen Felstrümmern nach rechts, und wiederum queren wir einen Hang hoch über dem Talgrund. Anschließend wird der weiße Punkt durch das von Merzalben kommende grüne Kreuz verstärkt, und zwischendurch taucht über

Ruine Gräfenstein

den Wipfeln schemenhaft der siebeneckige, trotzige Bergfried der Ruine Gräfenstein auf (im Volksmund „Merzalber Schloß").

Ein um den Berg ziehender Rundweg bringt uns bald in das Burgareal. Auch wer schon tausend Burgen gese-

hen hat, kann sich der Ausstrahlung dieser auf Felsen gegründeten erzromantischen Trutzfeste nicht entziehen.
Zum Glück ist noch niemand auf den Gedanken gekommen, hier eine Burgschänke aufzumachen.
Der Rückweg orientiert sich zehn Minuten lang wieder an der weißen Scheibe und dem grünen Kreuz, bis sich am Fuß des Burghügels nach links ein Pfad mit dem Zeichen des roten Striches auftut. Er hat die überaus angenehme Eigenschaft, ständig leicht fallend und überdies stolperfrei ins Zieglertal zurückzuführen. Einen neuen Rückmarsch-Rekord sollte man trotzdem nicht anstreben, dazu ist der Weg zu schön.
Das Zieglertal empfängt uns mit einigen stillen Weihern. Am Wieslauterhof – kein Stützpunkt – und an weiteren Teichen vorbei kommen wir hinaus ins Haupttal mit der geschwätzigen Wieslauter. Beim abschließenden Gang zurück zum Wagen ist noch Gelegenheit geboten, Forellen zu beobachten. Wer sich dabei Appetit holen sollte, sei an das vom Tunnel aus leicht zu Fuß erreichbare Hotel „Zur Post" in Kaltenbach – 100 Meter rechts vom Tunnelausgang an der B 10 – verwiesen.

> Wandervorschlag 32

Hermersberger Hof und Luitpoldturm

Ausgangsort: Wilgartswiesen
Gehzeit: 3–4 Stunden
Einkehr: Hermersberger Hof
Anfahrt: MA-LU 85 km

Einen echten Kontrast zur Idylle des Zieglertals stellt das Abenteuer dar, das sich an seinem nordöstlichen Ende eine Bergstufe höher erleben läßt.
Fünf Dinge sind es, die den Charakter dieser Tour bestimmen: Der einsam im Wald gelegene Hermersberger Hof, der nach einem bayerischen Fürsten benannte Aussichtsturm, die in südlicher Richtung stehende Bergfamilie Boll, der Blick über das unermeßliche Waldmeer und schließlich der Gang hinüber zum einsamen Gipfel des Wartenberges.
Der Hermersberger Hof war bis vor wenigen Jahren mit dem Auto nur unter Inkaufnahme des Risikos eines Achsenbruches auf einer ebenso schlechten wie schwer zu findenden, hinter Leimen von der Straße nach Johanniskreuz abzweigenden Waldstraße zu erreichen. Neuerdings führt von der B 10 hinter Wilgartswiesen eine sehr schöne und landschaftlich ungemein reizvolle Höhenstraße hinauf zum Weiler, der sich übrigens immer mehr auch zu einem Wintersportzentrum entwickelt.

Nach dem Abstellen des Wagens machen wir uns mit dem blauen Kreuz auf zum Luitpoldturm, der schönsten Aussichtswarte im Südpfälzer Land. Nach etwa einem Kilometer kommt man an den Waldplatz des Dreiherrn-Steines; hier stießen noch 1773 die Ländereien der Herrschaften Burg Gräfenstein, Stadt Annweiler und Zisterzienserkloster Eußerthal aneinander. An dieser Stelle zweigt der Wanderpfad, beschildert und bekreuzt, von der früheren Anfahrtsstraße ab und bringt uns in wenigen Minuten zum ersten Ziel. Der Luitpoldturm wurde 1909 vom Pfälzerwaldverein erbaut und bietet einen umfassenden Rundblick. An klaren Tagen sehen wir im Norden bis zum Donnersberg, im Süden bis zu den Vogesen, westlich über die Wälder bei Pirmasens und östlich bis zum Schwarzwald.

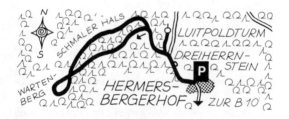

Südlich steht im Mittelpunkt auch die vorhin erwähnte Bergfamilie Boll mit der großen, der spitzen und der breiten Boll.
Vom Turm aus laufen wir wieder zurück zum Dreiherrn-Stein und beginnen an ihm mit dem blau-weißen Strich nach rechts die heutige Hauptwanderung. Der

Weg wendet sich alsbald etwas nach unten und führt immer in halber Höhe durch die Flanke eines langgezogenen Bergrückens. Dabei hat man ständig eine ebenso langgezogene Felsmauer vor Augen. Im Laufe der Jahrtausende haben Wind und Wetter hiervon Trümmer von teilweise beachtlicher Größe abgesprengt, die nun höchst malerisch unseren Weg säumen.

Der Pfad verbreitert sich nach einer halben Stunde und bringt uns später in den Spalt, den Sattel zwischen dem eben gequerten Schmalen Hals und dem davor liegenden Wartenberg.

Nach einer kurzen Zwischenrast an diesem schönen Waldplatz geben wir das zur Ruine Gräfenstein weiterziehende Zeichen auf und nehmen ohne Markierung die Besteigung des Wartenberges in Angriff. Vom Spalt aus beginnt ein einsamer Anstiegspfad, der zunächst vor der Steilheit des Berghanges nach links ausweicht. Dadurch wird nicht nur die Anstrengung reduziert, sondern gleichzeitig der Reiz dieser Bergbesteigung ganz entscheidend verstärkt. Etwas später entdeckt man nämlich, daß das Gipfelplateau allseits umrahmt wird von fast urwelthaft wirkenden Felsabstürzen.

Hier muß man an irgendeiner Stelle den Pfad verlassen und nach rechts zum Angriff auf diese Festung ansetzen. Alpine Erfahrung ist trotzdem nicht erforderlich, denn an einigen Stellen lassen sich doch Durchschlupfe entdecken, die den anschließenden Gipfelsieg ermöglichen.

Oben herrscht eine grandiose Einsamkeit. Die Anzahl der Menschen, die jährlich hier heraufkommen, läßt sich bestimmt an den Fingern einer Hand abzählen. Auch auf der dem Spalt naheliegenden Seite des Gipfels kann die Felsmauer überlistet werden, und vermittels einer sich daran anschließenden, deutlich erkennbaren Waldschneise sind wir gleich wieder am Waldpaß.

Der Rückzug vollzieht sich indessen nicht mehr mit dem blau-weißen Strich. Links von ihm setzt nämlich ein gemächlich zur Höhe des Langen Halses ziehender unbezeichneter Holzabfuhrweg an, der uns nach einer nochmaligen Felsenschau etwa in der Mitte des Berges zum Gipfelpfad bringt.

Dort hält man sich immer rechts, ohne jedoch an Höhe zu verlieren, passiert später eine Pflanzschule mit einem Waldhaus und kommt zum Schluß wieder am Dreiherrn-Stein an, von dem aus es dann noch einen Kilometer bis zu einer der Hermersberger Wirtschaften ist.

> Wandervorschlag 33

Rings um den Ringelsberg

Ausgangsort: Leimen
Gehzeit: 2 Stunden
Einkehr: Leimen oder Röderhof
Anfahrt: MA-LU 100 km

Hiermit verraten wir Ihnen eine ausgesprochene Trickwanderung für Faulenzer unter dem Motto: Wie kann man ohne sonderliche Anstrengungen einen hohen Pfälzer Berg besteigen?
Die Anreise vollzieht sich wieder über die B 10. Einige Kilometer nach dem Durchfahren von Kaltenbach-Hinterweidenthal in Richtung Pirmasens geht es nach rechts in Richtung Johanniskreuz.
Über Münchweiler und Merzalben kommt man nach Leimen, und dort wird in der Ortsmitte die Generalrichtung geändert, indem wir nach links auf die Straße nach Waldfischbach wechseln. Aber nicht lange, denn vor der starken Rechtskurve am Ortsende geht es schon wieder nach links in die Ortsstraße eines neu erbauten Wohnviertels. Auf der Rückseite des dort stehenden Vorfahrtsschildes ist übrigens die Nummer 2 des örtlichen Wegenetzes aufgepinselt, die heute für uns gilt.
Am Ende der Straße bittet eine Wiese zum Parken und

unsere Nummer 2 sowie zunächst noch das Wegzeichen des weißen Kreuzes zum Wandern.
Und hier wird nun auch unser Trick sichtbar: Ziel ist zwar der mit 530 Metern schon recht hohe Ringelsberg (Donnersberg: 687 m). Von Merzalben aus ist das eine ganz hübsche Schnauferei. Wir starten aber in Leimen, das mit 459 Metern Höhe den Ruhm des zweithöchstgelegenen Ortes der Pfalz in Anspruch nimmt. Über die Straßensteigung von Merzalben nach Leimen wurde somit die Überwindung des größten Teils der Höhendifferenz auf unseren motorisierten Lastesel abgewälzt, wodurch sich der Ringelsberg jetzt

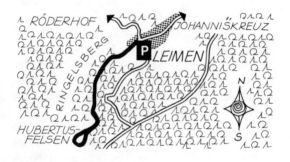

nur noch als harmloser, flacher Höhenrücken darbietet.
Man schlendert auf stillen Wegen an einer Baumschule vorbei und entscheidet sich bei Differenzen der Markierungszeichen immer für die Nummer 2. Nach einer Weile zieht der Weg dann nach rechts hoch zur Bergkuppe mit einem besonderen Schaustück.

Es handelt sich um eines der größten Felsendächer der Südpfalz. Eine Kompanie Soldaten oder die Belegschaft eines mittleren Unternehmens findet bequem darunter Platz, vorausgesetzt, es fürchtet sich niemand vor dem alsbaldigen Abbruch der schwebenden Felsmassen.

Beim Gang rechts um dieses Naturwunder der Hubertusfelsen trifft man noch einige kleinere Dächer an und kann schließlich, die Markierung kurz verlassend, auf den felsigen Gipfel hinaufkommen. Aber bitte nicht so nahe an den Rand herantreten!

Unser Pfad nimmt noch ein weiteres kleines Felsplateau mit und begibt sich dann links steil in die Tiefe, wo er auf einen breiten Querweg trifft. Hier wird nach rechts abgebogen, denn nach links käme lediglich eine nochmalige Ehrenrunde um die Felsen heraus.

Der Rückweg zum Auto ist dann nur noch Formsache. Nachdem es heute mit dem Wandern gemütlich zugegangen ist, wollen wir Ihnen noch einen Tip für eine ebenso gemütliche Schlußrast geben.

Nach Erreichen der Straße nach Waldfischbach, von der vorhin abgeschwenkt wurde, verlassen Sie über die erwähnte starke Rechtskurve den Ort Leimen. Einige hundert Meter weiter führt nach links eine Zufahrt zum Weiler Röderhof mit dem gleichnamigen, gepflegten Gasthof, in welchem Sie sich sehr schnell von den „Strapazen" der heutigen Wanderung erholen werden!

Wandervorschlag 34

Durch die Hirschalbklamm ...

Ausgangsort: Schopp
Gehzeit: 2 Stunden
Einkehr: Hirschalber Mühle
Anfahrt: MA-LU 80 km

... führt ein beschaulicher, in keiner Weise spektakulärer Wiesen- und Waldspaziergang.
Die Klamm liegt etwas am Rande des Naturparks Pfälzerwald und hat daher keine Markierungen.
Trotz dieser abseitigen Lage läßt sich der Ausgangspunkt vom Großraum Mannheim-Ludwigshafen aus bequem in einer Stunde erreichen. Man fährt über die westwärts ziehende Autobahn bis Ausfahrt Kaiserslautern-Mitte und benutzt von dort aus die B 270 zunächst bis nach Schopp.
Ab Ortsendeschild Schopp fahre man dann genau zwei Kilometer weit. Wo sich rechts von der Straße eine kleine Eisenbahnbrücke mit Geländer befindet, biegen wir – mit der auf dieser belebten Straße gebotenen Vorsicht – nach links mit Hilfe eines kleinen Teersträßchens in das sich dort öffnende Tal ein.
Die befestigte Einfahrtstraße erweist sich als kurzlebig; an ihrem Ende wird der Wagen abgestellt. Mit Hilfe des weiterziehenden Feldweges dringt man, immer auf der rechten Seite, in das Tal ein, bis es sich

nach einer halben Stunde an der Streitwiese mit einem umzäunten Forellenzuchtteich gabelt.

Wir halten es mit dem rechten Zweig, queren jedoch noch vor dem Teich, zum Schluß über eine kleine Holztreppe, auf den linken Talweg hinüber. Diese Seite hat den Vorteil, daß man ständig in Tuchfühlung

mit der sich immer mutwilliger gebärdenden Hirschalb bleibt.

Gemächlich wandern wir an ihr entlang, freuen uns an den Silberpunkten, welche die durch das Laubdach brechenden Sonnenstrahlen auf dem Wasser hervorrufen, und benutzen bei Bedarf das herrlich klare und kühle Naß zur äußerlichen und innerlichen Abkühlung.

Ziemlich unerwartet steht dann mitten im Wald und quer zur Schlucht ein Haus mit einer großen Dach-Zipfelmütze, das Urbild eines waldeinsamen, romantischen Refugiums. Etwa 100 Meter weiter kommen wir dann zur ehemaligen Hirschalber Mühle.

Heute wird dort allerdings kein Korn mehr gemahlen;

die vielen angelegten kleinen Teiche dokumentieren die neue Zweckbestimmung als Fischzuchtanstalt.
Nachdem der Inhaber eine kleine Gaststätte betreibt, deren weiterer Ausbau vorgesehen ist, kann man sich zur Rast auch eine Lachsforelle aussuchen und zubereiten lassen.
Was den Rang dieses leicht erreichbaren, waldesstillen und mit einer Gehzeit von hin und zurück 2 Stunden gewiß nicht anstrengenden Wanderkurses sicher beträchtlich erhöhen wird.

Wandervorschlag 35

Von Waldfischbach auf die Heidelsburg

Ausgangsort: Waldfischbach
Gehzeit: 2–3 Stunden
Einkehr: Waldfischbach
Anfahrt: MA-LU 105 km

Eine überraschend schöne und ausgewogene Wanderung läßt sich von Waldfischbach aus auf die Heidelsburg unternehmen.
In dem zwischen Pirmasens und Kaiserslautern liegenden, von Süden über die B 10 oder von Norden über die Autobahn anzusteuernden Städtchen stellen wir unser motorisiertes Wander-Hauptquartier in Ortsmitte am Rathaus ab. Dort beginnt an einem Kriegerdenkmal die Friedhofstraße, die man, links am Friedhof vorbei, bis zu ihrer Einmündung in die Schloßstraße und diese wieder hoch bis zum Fuß einer großen Sandsteintreppe verfolgt, welche unsere Wanderung recht stilvoll einleitet.
Das Wegzeichen des Tages, ein gelbes Kreuz, stellt sich bereits bei diesem kurzen Weg durch die Stadt vor. Über beide Abschnitte der erwähnten Treppe und die weiter hinaufziehende Fahrstraße kommen wir an einem Sportplatz vorbei und halten uns dann, zwei Rechtsabzweiger mißachtend, auf dem ansteigenden

und an einer Fabrik vorbeiführenden Weg zunächst in Richtung auf das ausgeschilderte Naturfreundehaus. Am Ende des Fabrikgeländes lädt uns dann das gelbe Kreuz nach rechts ein auf einen Fußpfad, der von Felsblöcken gesäumt wird. Später geht's über einen Bergrücken und durch Wald abwärts – immer dem deutlich und reichlich angebrachten gelben Kreuz nach.

Hügelauf und hügelab, die Richtung wechselnd und gelegentlich eine Wegkurve abschneidend, bringt uns der Pfad in einer starken Stunde zur weit in das schöne Schwarzbachtal vorgeschobenen Bastion der Heidelsburg.

Wenn wir auf der linken Seite die Anlage betreten, erwartet uns etwas durchaus Burg-Unübliches: Das sehr

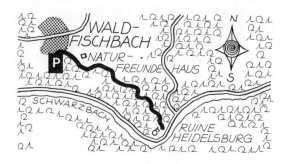

gut erhaltene römische Standbild eines Paares. Des Rätsels Lösung: Hier stand im 4. Jahrhundert n.Chr. ein römisches Kastell. Es schützte die von Metz nach

Worms führende Römerstraße und wurde später mehrfach von den Alemannen zerstört.

Auch in der Eisenzeit trug der Berg schon Befestigungsanlagen.

Die Heidelsburg ist deshalb immer wieder Ziel der Archäologen. Aber auch Nicht-Wissenschaftler kommen hier oben voll und ganz auf ihre Kosten. Das mit Birken bestandene Burgplateau strömt eine eigenartige Melancholie aus. Von der vorderen Felsplattform aus hat man einen wunderschönen Blick hinunter ins Schwarzbachtal mit seinen Wäldern und Weihern. Gegenüber schließlich grüßen aus gleicher Höhe die Häuser des hochgelegenen Dorfes Clausen.

Beim Rückweg orientieren wir uns wieder am gelben Kreuz – allerdings mit einer Ausnahme: Wo es am Ausgang der Burg nach rechts ins Tal weist, bleiben wir links auf der Höhe in Ankunftsrichtung des Wegzeichens.

Sonst kommen wir nicht nach Waldfischbach zu unserem Wagen, sondern nach Johanniskreuz. Und von dort sind es dann 20 Kilometer bis zum Wagen!

Wandervorschlag 36

Forsthaus Beckenhof und Felsentor

Ausgangsort: Pirmasens
Gehzeit: 2–3 Stunden
Einkehr: Forsthaus Beckenhof
Anfahrt: MA-LU 95 km

Preisfrage: Wo noch in deutschen Landen kann man unmittelbar vom Rand einer Industriestadt aus eine so schöne Wanderung durchführen?
Die Nähe der Stadt braucht man dabei nur in einem Punkt zu respektieren, indem man den Weg möglichst etwas außerhalb der Urlaubssaison oder an Werktagen unter die Wanderschuhe nimmt. –
Auf der B 10 fahren wir in Richtung Pirmasens und biegen schon bei erster Gelegenheit vor einer neuen Straßenbrücke nach rechts zur Stadt hin ab. Wo zwei Schilder, wiederum nach rechts, zur Stadtmitte und zum Messegelände weisen, blinkern wir nach links und fahren auf der anderen Talseite wieder ein Stück zurück bis zum Ausgangsparkplatz.
An dem dortigen, 1971 durch das technische Hilfswerk erstellten Kinderspielplatz gehen wir ohne Zeichen rechts vorbei und laufen im Wald parallel zur Anfahrtsstraße ein Stück in Richtung Pirmasens. Der Weg ist als Naturlehrpfad gekennzeichnet und zeigt gelegentlich gewaltige Plattenschüsse. Hinter einem Klein-

golfplatz trifft man schließlich auf den beschaulichen, wenn auch leider schon im Hintergrund von einem Wohnsilo überragten Eisweiher.

Wir laufen rechts vorbei und finden an seinem Ende den blau-roten Wanderstrich, der nun nach links aufgenommen wird. Am Parkplatz eines Sportheimes verlassen wir die Zivilisation, steigen im Tal munter aufwärts, passieren über Naturtreppen eine kleine Felsschlucht, klettern, wenn auch auf eigene Gefahr, auf einen ziemlich vertrauenswürdig aussehenden Hochsitz und studieren verschiedene Tafeln mit botanischen Weisheiten.

Die Straße zum Beckenhof ereilt uns zwar zunächst wieder, aber wir schlagen ihr schon wenige Meter weiter mit dem nach links abgehenden, blau-rot bezeichneten Waldweg ein Schnippchen und betrachten sie anschließend eine ganze Weile, auch im übertragenen Sinn, von oben.

Wo Straße und Weg erneut zusammentreffen, lädt das Forsthaus Beckenhof zur Rast ein.

Hinterher muß als erstes vom blau-roten Strich auf die nach links führende blaue Scheibe umgestiegen wer-

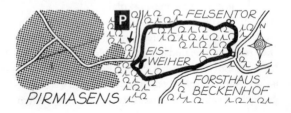

Felsentor bei Pirmasens

den. Hinter dem Forsthaus bringt sie uns durch schönen Hochwald und später durch Nadelwald zu einer kleinen Attraktion: Zum Felsentor.
Dieses Gebilde kann man nicht beschreiben, man muß es sehen. Wenn auch die statischen Verhältnisse des Sandsteinbogens so undurchsichtig sind, daß man beim Durchschreiten unwillkürlich den Schritt beschleunigt!
Mit der blauen Scheibe überschreiten wir eine kleine Hochebene. Wo sich der Weg schließlich wieder neigt und eine hölzerne Sitzgruppe rechts am Wege steht, laufen wir nun leichtfüßig abwärts und stehen am Ende fast unmittelbar vor der Wagentür.

Wandervorschlag 37

Von Erlenbrunn auf die Hohe List

Ausgangsort: Erlenbrunn
Gehzeit: ca. 5 Stunden
Einkehr: Glashütte oder Hohe List
Anfahrt: MA-LU 100 km

Einsatz und Gewinn sind bei dieser Wanderung gleich hoch.
Der Einsatz: 22 Wanderkilometer über Berg und Tal.
Der Gewinn: Eine schöne, ja vielleicht die schönste Pfalzwanderung.
Start- und Zielplatz ist Erlenbrunn. Von der B 10 aus benutzen wir die erste der drei Abfahrten nach Pirmasens und halten uns zunächst in Richtung Pirmasens-Süd, später in Richtung Lemberg, bis an einer Kurve hinter der Stadt (links geht's nach Dahn und Lemberg weiter) geradeaus ein Sträßlein beschildert nach Erlenbrunn weist.
In der Dorfmitte leitet links eine Straße zur Kirche hoch. Vor ihr steigen wir aus, suchen das Wegzeichen grünes Kreuz und marschieren frohgemut los.
Erst geht es abwärts, dann wieder aufwärts und schließlich steil hinunter nach Ludwigsthal-Glashütte. Aber was bietet diese Wanderstunde nicht alles an Abwechslung! Der Weg zieht breit unter Buchen hin, schlüpft schmal durch Tannenschonungen, zeigt uns

Fuchslöcher und Ameisenhaufen, führt an Felsen vorbei, überquert ein Tal mit Bächlein und schleicht schließlich wie ein Indianerpfad über den Abhang hinunter zum einsamen und malerischen Weiler Glashütte mit gastronomischen Stützpunkten.

Das grüne Kreuz bringt uns auf der anderen Seite wieder zum Dörflein hinaus auf einen schönen Waldweg, der das Stephanstal links begleitet. Nach zwei Kilometern sind wir im Talkessel des Forsthauses Stephanshof

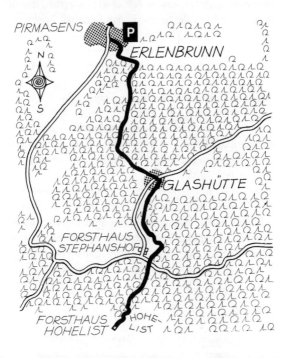

(keine Bierquelle). Wir bleiben (deshalb) hübsch auf unserem grünbekreuzten Waldweg, laufen die Rundung des Tales aus und kreuzen dann ein Tälchen, in welchem ein Wegweiser verkündet, daß es von hier aus noch 2,5 km bis zur Hohen List sind.

Wiederum verschwindet der Weg im Wald und steigt allmählich am linken Hang des Tales hoch. Wo es sich verengt, geraten wir plötzlich in eine wolfsschluchtartige Landschaft: Der Abhang ist mit wuchtigen Felstrümmern bedeckt, und je höher wir kommen, desto großartiger wird die Szenerie. Am Ende der Schlucht wenden wir uns nach rechts und nehmen am weiterziehenden Gegenhang die Serpentinen in Angriff. Sie bringen uns in kurzer Zeit hoch zum Forsthaus Hohe List (Gaststätte nur an Sonn- und Feiertagen geöffnet). Von dort sind es wiederum nur wenige Minuten zum Gipfel der Hohen List (473 m).

Dort haben wir streckenmäßig genau die Hälfte der Wanderung hinter uns. Anstrengungsmäßig schon etwas mehr, denn der Rückweg führt bis auf den Anstieg hinter Glashütte abwärts.

Seien Sie im übrigen bitte nicht enttäuscht, wenn Sie sowohl in Glashütte als auch auf der Hohen List fahrbare Untersätze feststellen! Denn Sie wissen ja: Man kann im Leben alles auch etwas billiger haben. Auch diese Wanderziele. Aber sie sind dann eben längst nicht so schön, wie wenn man sie erwandert.

Wandervorschlag 38

Gerspachtal und Teufelsfels

Ausgangsort: Nieder-Simten
Gehzeit: 1–2 Stunden
Einkehr: Nieder-Simten
Anfahrt: MA-LU 100 km

Für Leute, denen jegliches Orientierungsvermögen abgeht, ist diese Wanderung die reine Freude. Denn ein „Verfranzen" ist höchstens bei der Anfahrt möglich. Auf der B 10 geht es bis zur Stadtmitte von Pirmasens. Dort suche man die Ausfahrt (gelbe Schilder) nach Bitsch und fahre bis Nieder-Simten. Das Dorf wird in Richtung Ober-Simten fast ganz durchquert; erst kurz vor der Kirche am Ortsende biegen wir von der Landstraße nach links ab – und sind sofort im Gerspachtal. Die Straße ist anstandshalber noch einige Meter asphaltiert und wandelt sich dann stilgerecht zum leicht lehmigen Fahrweg. Wo der Asphalt aufhört, fängt die Gewissensfrage an: Soll man das erste Stück des Tales bis zum Naturfreundehaus fahren oder gehen?
Sofern die Alternative auch in Zukunft verkehrspolizeilich noch gegeben ist, raten wir Ihnen: Fahren Sie bei stärkerem Betrieb und gehen Sie bei schwächerem. Ab Naturfreundehaus gilt dann ohnehin gleiches Recht für alle.

Wir beginnen unsere Wanderung auf dem breiten, in Gehrichtung rechten Weg und werden sofort von der Stimmung des Tales gefangengenommen. Leute, die es wissen müssen, halten das Gerspachtal für eines der schönsten Landschaftsbilder der ganzen Pfalz.

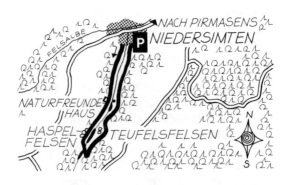

Wiesen, durch die sich ein Bächlein schlängelt, wechseln ab mit angestauten Fischweihern. Zur Melodie des Wiesengrundes kommt die Harmonie der gleichmäßig bewaldeten Hänge.

Der Hinweg durch das etwa 4 Kilometer lange Tal endet am letzten großen Weiher vor dem Talschluß. An der Wendemarke hat die Natur noch ein deutlich sichtbares Mal aufgestellt: Die rechts oben auf dem Bergrücken stehenden Klötze der Haspelfelsen.

Jetzt überquert man den Damm vor dem letzten Weiher nach links und spaziert auf der anderen Talseite wieder zurück. Das Weglein führt uns am – von hinten gerechnet – ersten und zweiten Weiher vorbei; wo es sich zum Staudamm des zweiten Weihers senkt, stehen wir vor dem Glanzstück des Tales: Dem Teufelsfelsen mit der Gerspachquelle und einem Miniatur-Wasserfall.

Feige besehen sich die Sache von unten. Liebhaber des gefährlichen Lebens erklimmen eine Art Teufelsbrücke vor dem oberen Wasserfall.

Wer aber böse Kinder bei sich hat, steige noch höher hinauf bis zur obersten Plattform. Dort befindet sich nämlich ein eigenartiges, dreieckiges Felsloch im Boden, bei welchem man auch den heutigen Kindern glaubhaft versichern kann, der Teufel führe hier aus dem Boden.

Zum Abschluß wandern wir nach Belieben rechts oder links, ab Naturfreundehaus dann nur noch links zurück zum Wagen.

Wandervorschlag 39

Rosengarten und Rosenhof

Ausgangsort: Zweibrücken
Gehzeit: 1–2 Stunden
Einkehr: Zweibrücken oder Hornbach
Anfahrt: MA–LU 120 km

Sie vermuten richtig: Hinter diesem blumigen Titel verbirgt sich die Perle des Westrichs, Zweibrücken. Hier ein kurzer Fahrplan für diejenigen, welche von dieser „schönen und merkwürdigen Stadt" (Goethe) an einem Tag möglichst viel mitbekommen möchten. Auf der B 10 von Osten her ankommend, halten wir uns zunächst in Richtung zur Stadtmitte und fahren zum ebenfalls ausgeschilderten Rosengarten, in dessen Umgebung auch die große Pferderennbahn und die Festhalle zu finden sind.

Die Anlage wird ständig von den maßgeblichen Rosenzüchtern des In- und Auslandes, besonders Frankreichs, beschickt. Wer könnte die Farbenpracht der über tausend Sorten und über sechstausend Rosenpflanzen links liegen lassen?

Nach dem Rundgang durch die Ausstellung fährt man einige hundert Meter in Stromrichtung an einem kleinen Kanal entlang durch die Rosengartenstraße und steigt in der Nähe des Hotels Erika wieder aus. Wo die Rosengarten- in die Hauptstraße einmündet, haben

wir nach rechts den schönsten Blick auf die aus dem 18. Jahrhundert stammenden Barockpaläste der „Neuen Vorstadt". Von der Einmündung aus nach links ist man in wenigen Minuten im Stadtzentrum mit der Alexanderkirche und dem wiederaufgebauten Residenzschloß.
Das Wort Wiederaufbau kommt in der wildbewegten, fast tausendjährigen Stadtgeschichte leider sehr oft vor. 1470 verbrannte die Hälfte der Stadt, im Dreißigjährigen Krieg blieb nicht viel stehen, und am 14. März 1945 benötigte die moderne Kriegstechnik nur 30 Minuten, um 80% der Häuser zu vernichten.
Um so erfreulicher sind Wiederherstellung und heutige Blüte der Stadt.
Neben zahlreichen Herzögen lebte übrigens auch König Stanislaus Leszczynski 1718/19 nach seiner ersten Vertreibung vom polnischen Thron in Zweibrücken. Die Einzeleindrücke der Stadtbesichtigung müssen jetzt noch durch eine Gesamtschau ergänzt werden. Zu diesem Zweck fragen wir uns nach so makabren Namen wie der Wolfslochstraße und an ihrem Ende der Wirtschaft „Zum Teufelsbrunnen" durch und steigen dort wieder aus. Der links durch die Wolfslochschlucht hochziehende Weg bringt uns zu Fuß in zwanzig Minuten zum Hofgut Rosenhof, wo es zwar keine Wirtschaft, aber einen prächtigen Blick auf Zweibrücken und Gelegenheit zu kleinen Spaziergängen gibt.
Abschließend geht es über das Stadtzentrum mit dem Wagen südlich nach Hornbach (gelbe Straßenschilder), einer kleinen Stadt an der deutsch-französischen

Grenze, die im letzten Krieg ebenfalls schwer gelitten hat.
Stimmungsvolle Reste einer alten gotischen Abtei aus dem 8. Jahrhundert, das Grab des Heiligen Pirminius (daher der Name Pirmasens) und eine schöne, über dem Ort thronende Barockkirche runden die Stadtwanderung in und um Zweibrücken ab.
Wenn es Ihnen zur Heimfahrt noch zu früh ist, können Sie dann noch den Wandervorschlag 40 durchführen.

Wandervorschlag 40

Klosterruine Wörschweiler und Schlangenhöhle

Ausgangsort: Einöd-Schwarzenacker
Gehzeit: ca. 1 Stunde
Einkehr: Schwarzenacker oder Homburg
Anfahrt: MA–LU 125 km

Streng genommen, dürfen wir heute gar nicht von einer Pfalzwanderung sprechen – sie spielt sich nämlich schon auf saarländischem Boden ab.
Aber wir lassen Landesgrenze Landesgrenze sein und stoßen auf der B 10 in Richtung Saarbrücken weit gen Westen vor durch Zweibrücken, durch den Homburger Stadtteil Einöd und dann durch Schwarzenacker. Dort suchen wir in der Ortsmitte die Straße nach Blieskastel und fahren mit ihr über die Blies, am Ortsschild Wörschweiler vorbei bis zu einem unmittelbar dahinter gelegenen Gasthaus mit rustikaler Fassade. Dort zügelt man seine Pferde. Links vom Gasthaus beginnt dann mit dem roten Dreieck und der grünen Scheibe der halbstündige Gang hinauf zum heutigen Hauptziel.
Schimpfen Sie nicht über den Aufstieg – er lohnt sich bestimmt!
Der Grundriß des um 1130 gegründeten und nach wechselvollen Schicksalen 1614 abgebrannten Zister-

zienserklosters ist noch gut zu erkennen; sogar vom Kreuzgang blieben noch Fragmente stehen. Bemerkenswert sind vor allem die zahlreichen Grabplatten, bei deren Studium man etwas vom Hauch der Jahrhunderte spürt.

Der Höhepunkt ist aber ganz zweifellos das hinter dem Kreuzgang stehende, sehr gut erhaltene Eingangstor zur früheren Klosterkirche. Romanik und Romantik vereinigen sich in diesem waldeinsamen Portico.

Nachdenklich und bereichert gehen wir zum Wagen und fahren durch Schwarzenacker zurück. Aber bitte nicht so schnell, denn zunächst müssen wir nach rechts spähen, bis das Gasthaus „Zur Schlangenhöhle" am Straßenrand auftaucht.

Klosterruine Wörschweiler

Dort wird mit äußerster Vorsicht nach links in einen neben einem Bächlein herlaufenden Fahrweg abgebogen, der nach 200 Metern bei einem Waldhaus mit Brunnen endet. Auf dem rechts vom Waldhaus hochziehenden Hohlweg kommt man nach kurzer Zeit zum Eingang der Schlangenhöhle. Wir haben in diesem hochinteressanten Naturdenkmal ein regelrechtes unterirdisches Labyrinth vor uns, das sich Hunderte von Metern unter dem Berg erstreckt und auf der Gegenseite einen weiteren Zugang aufweist. Die Höhle und das Gebiet von Schwarzenacker sind auch durch zahlreiche Funde aus römischer Zeit bekannt geworden, denn hier stand im Altertum eine keltisch-römische Kleinstadt, die seit 1965 systematisch ausgegraben wird. Hierüber unterrichtet das in der Nähe der Höhle gelegene römische Freilichtmuseum, dessen Besuch man nicht versäumen sollte.

Nachdem wir es heute ohnehin mit Höhlen zu tun haben, sollte zum Abschluß noch die nur wenige Kilometer entfernte Hauptstadt des Westrich, Homburg, besucht werden. Neben baulichen Zeugnissen aus der Festungs- und der Residenzzeit der Stadt wird ihr Bild heute stark von den vielen modernen Universitäts-Klinik-Neubauten geprägt. Im Innern des die Homburger Talsenke beherrschenden Schloßberges, auf den eine Autostraße führt, liegen die größten europäischen Buntsandsteinhöhlen. Sie ziehen sich in sieben übereinanderliegenden Galerien über 5 Kilometer in den Berg hinein.

Vom Schloßberg aus läßt sich, mit dem Waldlehrpfad beginnend und später auf den weißen Strich mit schwarzem Punkt überwechselnd, in einer knappen Stunde die Ruine des Schlosses Karlsberg erreichen. Hier errichtete Herzog Karl II. August von Zweibrücken 1775 das bedeutendste ländliche Prunkschloß des 18. Jahrhunderts. Die Bauflucht maß etwa 1500 Meter, die Inneneinrichtung des Hauptbaus wetteiferte mit den Vorbildern in Versailles und St. Germain. Das heute als Orangerie bezeichnete Theater hatte vier Bühnen, die Gemäldegalerie enthielt etwa 4000 Werke, die Bibliothek war ebenfalls sehr umfangreich. Zum Schutz des Schlosses wurden anbei Kasernen für Fußsoldaten und Reiterei erbaut; selbst die Jagdhunde erhielten einen eigenen Bau, es waren allerdings auch über 600 Tiere.

Das Ganze war von geradezu märchenhaften Parkanlagen umgeben, in welchen Springbrunnen so wenig fehlten wie Menagerien mit exotischen Tieren; selbst fremdländische Menschen wurden in Nachbildungen heimischer Hütten dort angesiedelt! Schon zwanzig Jahre später zerstörten dann Revolutionstruppen dieses Symbol absolutistischer Herrschaft fast gänzlich. Am Wanderweg liegen noch einzelne Ruinen.

Wandervorschlag 41

Zur größten Burgruine der Südpfalz

Ausgangsort: Eschbach
Gehzeit: ca. 2 Stunden
Einkehr: Madenburg
Anfahrt: MA-LU 60 km

Wer den Wasgau kennenlernen möchte, darf an der Madenburgruine nicht vorbeifahren. Um dieser Verpflichtung nachzukommen, fahren wir von Landau in Richtung Klingenmünster. Die breit auf dem Rotenberg gelagerte Bastion ist schon von den ersten Straßenkuppen hinter der Stadt aus zu sehen.
Als Vorsignal für die Anfahrt benutzen wir ein etwa 5 Kilometer hinter Landau links der Straße liegendes, fabrikähnliches Gebäude. Es ist die erst vor einigen Jahren durch die umliegenden Winzergenossenschaften erbaute größte Weinkellerei der Südpfalz, vor der sich im Herbst Fuhrwerksschlangen mit dem Ausgangsprodukt des vielbegehrten Saftes stauen.
Einen Kilometer weiter zweigt eine Straße in das Dorf Eschbach ab. Wir gelangen über sie (rechts halten) zur Dorfmitte mit einem schönen Röhrenbrunnen. Dort lassen wir den Wagen stehen und – bitte, bitte – den Autoweg zur Ruine liegen.
Am Brunnen beginnt dann die mit einem gelben Strich versehene Fußwanderung zur Madenburg.

Ihr Name leitet sich vom früheren „Maidenburg" oder „Magdenburg" ab. Der Volksmund spricht vom Eschbacher Schloß.
In gleichmäßiger, angenehmer Steigung sind wir nach einer knappen Stunde oben.
Und schauen und schauen und schauen und schauen ...
Die Burg hat eine außerordentlich bewegte Vergangenheit. Sie war bereits 1076 als Treffpunkt der deutschen Kurfürsten mit dem im Bann stehenden Kaiser Heinrich IV., der später in Tribur abgesetzt wurde,

ausersehen. Knappe hundert Jahre später führten Streitigkeiten um ihren Besitz zur Gefangennahme des Erzbischofs Adalbert von Mainz durch Kaiser Heinrich V. Später wechselte die Burg häufig den Besitzer, wovon auch eine alte Tafel über dem Eingangstor der unteren Burg Kunde gibt. Unter anderem gehörte sie zeitweilig den Grafen von Leiningen, Kurfürst Friedrich dem Siegreichen, Herzog Ulrich von Württemberg und dem Bischof von Speyer.
Im Bauernkrieg entging die Burg, damals Amtssitz eines Hochstifts, nicht ihrem Schicksal. Anschließend wurde sie jedoch größer und schöner wieder aufge-

Auf der Madenburg

baut. Aus der Bauperiode um 1600 stammen die beiden Treppentürme im Renaissance-Stil.
Auch im Dreißigjährigen Krieg stand die Madenburg verschiedentlich im Brennpunkt, besonders 1621 und 1622 beim Angriff der Mansfelder. Die endgültige Zerstörung fand im Reunionskrieg 1680 statt.
Ihre Bedeutung als Symbol behielt die Burg aber noch länger. Die tausendjährige Zugehörigkeit der Pfalz zum Reich wurde 1843 hier gefeiert, und auch die Bewegung von 1848 veranstaltete verschiedene Kundgebungen, wohl in Anlehnung an das 1832 ganz in der Nähe stattgefundene Hambacher Fest. Die Überlieferung berichtet ferner von einer anderen Feier, bei welcher im vorigen Jahrhundert eine Menge sonntäglich gekleideter Menschen durch zwei Dinge verwirrt wurde: Durch einen fürchterlichen Gewitterregen und durch das plötzlich auftauchende Gerücht, es seien feindliche Truppen im Anmarsch. Daraufhin setzte im strömenden Regen eine panische Flucht von der Burg ein, wobei die Sonntagskleider recht häufig mit der flüssig gewordenen schönen, roten Pfälzer Erde auf das innigste in Berührung gekommen sein sollen ...
Um den gleichen Effekt zu erreichen, wäre heute – neben dem Regen – ein schon recht ausgedehnter Besuch der Burggaststätte vonnöten, deren Existenz hiermit ergänzend vermeldet wird.

Wandervorschlag 42

Heidenschuh, Martinsturm und Landeck

Ausgangsort: Eschbach
Gehzeit: 3–4 Stunden
Einkehr: Landeck
Anfahrt: MA-LU 65 km

Heute erleben wir alles, was erholsam und interessant ist: Wald und Heide, eine Quelle, zwei Burgruinen, zwei Aussichtsfelsen und einen Aussichtsturm.
Und das alles auf einer grandiosen Schau-Galerie rund um einen hohen Berg.
Wer dieses Wanderparadies kennenlernen möchte, fahre von Landau in Richtung Klingenmünster durch Ilbesheim und an Eschbach vorbei. Am folgenden Straßendreieck lasse man die Straße nach Annweiler rechts liegen und brause nach links in Richtung Bergzabern ein kleines Stückchen auf der Deutschen Weinstraße hoch.
Der an diesem Berg stehende Gebäudekomplex ist die Pfälzische Nervenheilanstalt Klingenmünster. Oben passieren wir die Einfahrten zur Aufnahme und zum Haupteingang und biegen erst 100 m weiter nach rechts in das mit dem Schild „Auffahrt zur Burggaststätte Landeck" bezeichnete Sträßchen ein.
An seiner Einmündung in die Querstraße ignorieren

wir aber das nach links zeigende Schild zur Ruine, fahren dafür nach rechts und parken den Wagen am Hintereingang der Anstalt.
Dort tut sich scharf nach links als Paradiespforte ein Weglein mit der Markierungsnummer 6 auf.
Je steiler, desto romantischer geht es in die Höhe. Beim Verschnaufen eröffnen sich schöne Rückblicke auf die Ebene am Gebirgsrand, und bald darauf stehen wir vor der ersten Sehenswürdigkeit, der mitten im Wald liegenden Ruine des Waldstätter Schlössels.

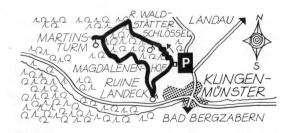

Die Burg schützte von 1000 bis 1200 als Vorgängerin von Landeck das Kloster Klingenmünster. An einem Fenster sind noch Vorrichtungen für Bogenschützen zu erkennen.
Wenig später bringt uns der Weg sogar zu den Mauerresten eines alten keltischen Wallgrabens. Nach einem letzten Aufstieg sind wir dann im Areal der ehemaligen keltischen Fliehburg auf dem Heidenschuh, einem der drei Gipfel des Treitels- (= Dreiteil-) Berges mit einer umfassenden Schau über den Wasgau und in die Ebe-

ne, hinunter ins Kaiserbachtal und hinüber zur Madenburgruine.

Ob der Vorfahre, der in archaischer Zeit die Umrisse eines Fußpaars hier in den Fels ritzte, geahnt haben mag, daß im 20. Jahrhundert jeder dritte in Deutschland getragene Schuh aus der Pfalz stammen wird? Durch ein Meer von Heidelbeeren, welches im Som-

Nikolauskapelle

mer im Beisein von Kindern das Marschtempo erheblich drückt, wandern wir mit der 6 rückwärts an zwei überhängenden Gipfelplatten vorbei über den Grat des Heidenschuhs. Wieder begegnet uns ein keltischer Wall, und wieder erweitert sich der Blick hinüber zum Trifels und hinunter zum Hundsfelsen.

Das folgende Stück Hochmoor läßt jeden Landschaftsgärtner vor Neid erblassen.

Schließlich kommen wir auf der anderen Bergseite zu einem Wegkreuz. Wer müde ist, darf gleich nach links in Richtung Landeck weitergehen. Nach rechts oben lockt ein Schild über eine weitere Felskanzel zum Martinsturm auf dem höchsten Gipfel des Treitelberges (501 m). Die Mittel zum Turmbau wurden von einem Patienten der Nervenheilanstalt im vorigen Jahrhundert gestiftet.

Wieder am Wegkreuz, dürfen wir jetzt mit ruhigem Gewissen den Pfad zur Ruine Landeck einschlagen. Die 6 bringt uns über den Waldplatz an der Marthaquelle und über eine kleine Durststrecke zur rettenden Schänke.

Die frühere Reichsburg wurde nach Zerstörung des Waldstätter Schlössels um 1200 gegründet. Später kam sie an das Bistum Speyer und an die Kurpfalz; 1525 wurde Landeck erstmals und 1689 endgültig zerstört.

Die zyklopischen Umfassungsmauern blieben zum Glück stehen, ebenso der 23 Meter hohe Bergfried, dem man unbedingt die Ehre geben muß.

Ein Abschlußbummel durch die Weinberge läßt uns nach einer Viertelstunde den großen Kreis vollenden und bietet kurz vor dem Schluß – wen wundert das bei der heutigen Fülle? – noch ein Dessert in Form des Blickes auf den Magdalenenhof mit der Nikolauskapelle aus dem 13. Jahrhundert.

Wandervorschlag 43

Hahnsteine und Rehberg

Ausgangsort: Waldhambach
Gehzeit: 4–5 Stunden
Einkehr: Klettererhütte am Asselstein
Anfahrt: MA-LU 65 km

Eine Anregung für alle, die sich noch ein bißchen Abenteuerlust erhalten haben und sich einigermaßen im Gelände zurechtfinden.
Von Landau fährt man in Richtung Klingenmünster und kurz vor diesem Ort nach rechts in Richtung Annweiler. Etwa 2 Kilometer weiter kommt Waldhambach, wo die Wagentür mit lautem Knall hinter uns zufällt.
Zu Fuß geht es durch das Dorf, und zwar an der Gabelung am Ende der kurzen Einfahrtsstraße rechts, dann wieder links, bis – nochmals nach links – ein Weg zur Kirche weist. An ihr vorbei bringt uns ein Feldweg (immer etwas rechts halten) bald zum das Dorf beherrschenden Felsen des großen **Hahnsteins**.
Idealisten werden von der schönen **Landschaft**, Materialisten dagegen von den im Sommer und Herbst reichlichen Waldfrüchten angezogen.
Beide sollten sich aber gelegentlich die weitere Route ansehen. Etwas links von den Annweiler Burgen erhebt sich im Mittelgrund ein Berg mit einer kleinen,

burgähnlichen Felszinne, der kleine Hahnstein. Er steht vor der Kulisse eines großen Waldberges mit einem steinernen Aussichtsturm, des Rehberges.
Das sind unsere nächsten Ziele.
Als erstes visieren wir den kleinen Hahnstein an und merken uns außer der Richtung nur die Formel: Keine unnötige Höhe verlieren, also immer auf dem Waldrücken bleiben. Einer Buschbarriere weichen wir nach links aus und kommen auf einem breiten Waldweg direkt zum Fuß des kleinen Hahnsteins.

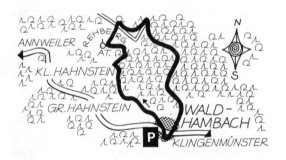

Auf geht's zum nächsten Abenteuer: Ohne Weg und Steg – oder über den dort hochziehenden Weg – hinauf auf den Felsgipfel des kleinen Hahnsteins mit schönem Blick auf Waldrohrbach und den Waldhang des Rehbergs mit dem zierlich wirkenden Türmchen.
Nach Rückkehr zum Waldweg wandert man auf diesem noch einige Meter zu einer Kreuzung. Wir wählen den hinteren, mehr am Berghang gelegenen der nach rechts führenden Wege und umkreisen auf ihm einen

Teil des Berges, bis von rechts unten (und nach links oben) ein Wanderpfad mit blauem Strich erscheint. Wer noch Lust verspürt, steigt nach links hoch über eine Quelle zum Turm. Der Rehberg ist übrigens mit 576 m einer der höchsten Pfälzer Gipfel. Es rentiert sich bestimmt!
Die anderen gehen an dieser Stelle noch nicht mit dem

Asselstein

blauen Strich nach unten, sondern über den Ankunftsweg ein Stücklein weiter, bis an einem rechts von Maschendraht begrenzten Wegstück noch ein Pfad vom Rehberg über einige Stufen herunterzieht. Er vermittelt im Abstieg die Trifelsstraße, die wir kurz nach links begehen, bis ein tröstliches Schild zur Rast in die bewirtschaftete Klettererhütte bietet. (Im Winter nur am Wochenende offen).

Die Rehbergstürmer kommen mit dem am Turm einsetzenden blauen Strich oder der Nummer 3 ebenfalls hier an.

Nachdem wir frisch aufgetankt, den Asselstein aus der Nähe und Annweiler von oben betrachtet haben, geht es mit geringerer Anstrengung zurück zum Auto. Direkt ab Hütte läuft man auf dem Weg Nummer 4 etwa 2 Kilometer parallel der Trifelsstraße entlang, bis der Wanderweg die Trifelsstraße an der Waldlehrhütte am Windhof kreuzt. Dort überqueren wir wieder die Fahrbahn und nehmen auf der anderen Seite die rote Scheibe auf, die uns das unterhalb des Drei-Gipfel-Herwegs liegende, nach Waldhambach zurückführende schöne Waldtal erschließt.

Die Parole „Immer nur abwärts" und einige Blicke nach rechts oben auf unsere Gipfel bringen uns, nahezu narrensicher, wie durch einen Trichter wieder zurück zum wartenden Wagen.

Ganz Fleißige können ab Gabelung der Trifelsstraße auch noch den Wandervorschlag 24 oder/und 25 mit einbeziehen.

Wandervorschlag 44

Die Rötzenberg-Dimberg-Tour

Ausgangsort: Gossersweiler
Gehzeit: 4–5 Stunden
Einkehr: Lug oder Gossersweiler
Anfahrt: MA-LU 70 km

Eine echte Südpfalzwanderung unter dem Motto: „Rauh, aber herzlich". Und trotzdem – oder gerade deshalb? – ein großartiges Erlebnis.
Großmutti und die Kleinen sowie den Sonntagsanzug sollte man dabei aber besser zu Hause lassen!
Der Startschuß erfolgt in Gossersweiler. Von Landau geht's über Eschbach bis kurz vor Klingenmünster und an der unübersehbaren Abzweigung nach rechts weiter in Richtung Annweiler. Einige Kilometer hinter Waldrohrbach, noch auf der Höhe, biegen wir dann auf die durch das gelbe Schild „Silz 5 km, Völkersweiler 2 km" gekennzeichnete Nebenstraße nach links ab (Vorsicht, Gegenverkehr) und sind nach wenigen Minuten bei den Dorfzwillingen Völkersweiler und Gossersweiler. Am Schild „Gossersweiler" fahren wir nach rechts in das Dorf und durchqueren es, zunächst noch auf Asphalt, dann auf Kopfsteinpflaster und schließlich auf einem Feldweg bis zum Ortsende, suchen dort einen Abstellplatz für den Wagen und wenden uns dem etwas kniffligen Anmarsch zu.

Ausgangspunkt ist ein an einen Mord gemahnendes Feldkreuz unmittelbar hinter den letzten Häusern des Dorfes. Wenige Meter weiter schwenken wir nach links und verfolgen den später in den Wald führenden breiten Feldweg, bis er nach rechts zum dörflichen Fußballplatz zielt. Diesen Kurs macht man jedoch nicht mit, sondern läuft geradeaus weiter über ein zuletzt ansteigendes Waldpfädchen, das oben in einen am Berg entlang ziehenden Rundweg mündet. Dort

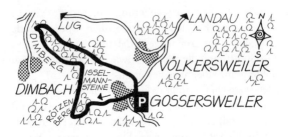

geht es wieder nach links. Über die kurz darauf folgende Rechtskurve lassen wir uns von diesem Weg zur romantischsten aller Aussichtsbänke führen.
Zumindest die Aussicht ist eine Etage höher, auf dem kreuzgeschmückten Felskopf, noch schöner. Er wird über einen ausgesprochenen Indianerpfad erkämpft, dessen Anfang im Kieferndickicht hinter der Bank versteckt ist.
Von oben sind der breite Engelmannfelsen, die Felsgruppe der drei Puppen mit dem zu ihren Füßen lie-

genden neu erbauten Feriendorf Eichwald und die Ruine Lindelbrunn zu sehen. Der Weiterweg zieht nach rückwärts über den bewaldeten Rötzenberg. Vom höchsten Punkt (459 m) führt der Weg abwärts an einer Masse kleiner Felsen, den Isselmannsteinen, vorbei in eine Talenge.

Dort überschreiten wir den Weg nach Dimbach und stehen vor dem mächtigen Bergrücken des Dimbergs. Und damit vor der zweiten, verbesserten Auflage des ersten heutigen Abenteuers.

Denn wie vorhin geht es auch am Dimberg zuerst rechts auf steilen Pfaden hinauf und dann zurück zur Felskanzel, wo wir einen phantastischen Anblick, vermehrt um die Schau auf die gewaltigen Geiersteine genießen. Wie vorhin bummelt man anschließend rückwärts über den langgezogenen Bergrücken.

Der Dimberggipfel (417 m, weißer Markierungsstein) ist nach einer Viertelstunde geschafft. An ihn schließt sich ein einstündiger Höhenspaziergang über den Grat an, der einmal durch einen links zu umgehenden Felsen gesperrt ist.

Am großen Eck- und Endpfeiler wird zum Schluß nach rechts in ein schönes Wiesental unweit des Ortes Lug abgestiegen. Einkehr evtl. im Ort.

Asketen beginnen aber sofort über Feldwege im Tal mit dem Rückweg, wobei der soeben bewältigte Dimberg als Wegweiser immer rechts liegen bleibt. Vom Rötzenberg entfernen wir uns noch weiter in einem Bogen nach links und erreichen beim Dorf Völkersweiler wieder die menschliche Zivilisation.

Wandervorschlag 45

Von Dörrenbach zur Ruine Guttenberg

Ausgangsort: Dörrenbach
Gehzeit: etwa 4 Stunden
Einkehr: Dörrenbach
Anfahrt: MA-LU 75 km

Diese kleine Reise führt mitten durch ein heimatgeschichtliches Raritätenkabinett.
Es beginnt schon auf der Anfahrtsstrecke von Landau über Klingenmünster nach Bad Bergzabern. Ingenieure und Techniker sollten sich die Besichtigung der altertümlichen Wappenschmiede von Pleisweiler nicht entgehen lassen – und alle anderen auch nicht! (Am Ortsende in Richtung Bad Bergzabern zeigt ein Schild nach rechts).
Es handelt sich dabei um ein über 400 Jahre altes, mit Wasserkraft angetriebenes Hammerwerk, das schon 1525 den aufrührerischen Bauern als Waffenschmiede diente. Noch der Vater der jetzigen Eigentümerin arbeitete hier bis zum Zweiten Weltkrieg. Erst persönliche Schicksalsschläge legten die bis zu 50 kg schweren Hämmer still.
Heute wird das technische Kulturdenkmal von der Besitzerin unter persönlichen Opfern gepflegt und erhalten. Eine angeschlossene Gaststätte ermöglicht es, die

Schmiede auf der Hin- oder Rückfahrt als Essen- oder Jausenstation für unser Vorhaben zu verwenden.

Wir fahren über Bad Bergzabern südlich weiter, bis 2 km nach dem Kurort eine Seitenstraße nach rechts zum malerischen Dörrenbach leitet. Nach Abstellen des Wagens widmen wir uns der sehr interessanten Dorfbesichtigung.

Ihr Mittelpunkt ist einer der schönsten Pfälzer Fachwerkbauten, das alte Rathaus. Gegenüber befindet sich der Eingang zum befestigten und mit einer Zisterne ausgerüsteten Dörrenbacher Friedhof mit Baulichkeiten aus dem 13. Jahrhundert. Er war nach Zerstörung der Guttenberg lange Hauptsitz der gleichnamigen Herrschaft und hielt mehreren Angriffen stand.

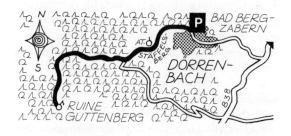

Wenn wir die Atmosphäre des Ortes in uns aufgenommen haben, geht es gleich hinter der Wehrmauer beschildert hinauf zum Stäffelsberg (durch Gärten bis vor die Schule, an dieser rechts hoch und hinten links vorbei, dann mit der Wegnummer 15 zu einer hochgelegenen Kreuzung und von dort mit dem weißen Dreieck zum weithin sichtbaren Turm). Und damit sind wir schon beim nächsten heimatkundlichen Kapitel: Beim ehemaligen Dörrenbacher Schulmeister mit dem schönen Namen Knieriemen, zu seiner Zeit der „Alte vom Stäffelsberg." Dank seiner Initiative wurde um die Jahrhundertwende der erste Aussichtsturm auf dem Stäffelsberg erbaut. Er fiel zwar 1945 den Nachkriegswirren zum Opfer, jedoch wurde 1964 ein neuer Turm in modernem Sichtbeton – architektonisch gekonnt – errichtet.

Man kann von Dörrenbach auch mit dem Auto herauffahren.

Vom Gipfel laufen wir mit dem weißen Dreieck, zuerst ein kleines Stück über den Autoweg, weiter in Richtung auf die vom Turm aus bereits deutlich zu sehende Ruine Guttenberg. Hinter dem Stäffelsberg bringt uns der Wanderpfad nach Durchqueren eines Heidekrautfeldes auf eine Waldstraße, welche nunmehr von einem weißen Strich mit schwarzem Punkt begleitet wird. Diesem Zeichen bleiben wir bis zum Endziel treu. Vorher steuert die Wanderung noch ein Zwischenziel, den Waldplatz Drei Eichen, an, wo wir mit gemischten Gefühlen Benzindämpfe erschnuppern und Autolacke durchs Gebüsch schimmern sehen. Den nicht vor Versuchung Gefeiten sei verraten, daß die dazu gehörende Straße von Bad Bergzabern in Richtung Pirmasens läuft, aber schon kurz hinter der Stadt links nach Böllenborn und vor diesem Ort wiederum links hierher führt.

Ab hier gelten dann keine Klassenunterschiede mehr: Alle müssen zu Fuß zur Ruine pilgern.

Sie ist zusammen mit dem umliegenden Mundatwald seit 1949 französisches Staatsgebiet, weil in diesem unbewohnten Zipfel die Wasserquellen der Grenzstadt Weißenburg liegen. Im Grenzbereinigungsab-

Rathaus Dörrenbach

kommen von 1962, das u. a. die Rückgabe des Großteils des in Frankreich gelegenen, beschlagnahmt gewesenen deutschen Grundbesitzes vorsieht, wurde der Verbleib des Mundatwaldes bei Frankreich erneut bestätigt. Der Vertrag ist jedoch auf deutscher Seite noch nicht ratifiziert. Inzwischen bemüht sich ein Kuratorium um die Erhaltung des Waldstückes für die Bundesrepublik.

Einer Visite der Ruine steht trotz dieser Rechtslage nichts entgegen, wenn man keine zollpflichtigen Waren und einen Ausweis bei sich hat.

Die in der Waldeinsamkeit versunkene ehemalige Burg, nach wechselvoller Geschichte und ebenso wechselvollen Besitzverhältnissen im Bauernkrieg zerstört, hat noch die Reste eines Bergfriedes, eine Vorburg und vor allem eine schöne Sicht anzubieten.

Der Rückweg kann, nachdem Sie den Trick mit dem Waldplatz Drei Eichen jetzt wissen, variiert werden. Vom Marsch zurück nach Dörrenbach (der Turm kann dabei links umgangen werden; auf dem letzten Abschnitt bitte wieder den Herweg nehmen!) bis zum Rendezvous in einer Böllenborner Wirtschaft sind verschiedene Möglichkeiten gegeben.

Wandervorschlag 46

Zum Lindelbrunner Schloß

Ausgangsort: Birkenhördt
Gehzeit: 1–2 Stunden
Einkehr: Lindelbrunn oder Bergzabern
Anfahrt: MA-LU 75 km

Eine Beschreibung der Südpfalz ohne Erwähnung des Lindelbrunner Schlosses wäre wie die berühmte Suppe ohne Salz. Das geht schon daraus hervor, daß in den meisten Foto-Bildbänden über Deutschland die südliche Pfalz durch ein Bild von Lindelbrunn und Umgebung vertreten ist.
Es gibt auch in der Tat keine gelungenere Synthese von Feld, Wald, Bergen, Burgen und Felsen.
Um an dieses bevorzugte Fleckchen Erde zu gelangen, befahren wir von Bad Bergzabern aus die Straße in Richtung Pirmasens bis kurz hinter Birkenhördt. Dort geht es dann nach rechts weiter in Richtung Annweiler – aber wegen der Schlängelstraße und auch wegen der schönen Landschaft etwas langsamer als sonst.
Etwa zwei Kilometer hinter Birkenhördt ist links das Naturfreundehaus Bethof zu sehen.
Einen Rechtsabbieger nach Klingenmünster mißachtend, finden wir etwa drei Kilometer hinter dem Bethof am Schild „Vorderweidenthal 1 km" eine nach rechts ziehende, schmale Straße mit auf Lindelbrunn verwei-

senden Schildern. Sie bringt uns in wenigen Minuten an den Fuß des Bergkegels, auf welchem die Ruine liegt.
Die leichte Erreichbarkeit und die Gasthäuser sorgen nun einmal dafür, daß besonders an Sonn- und Feiertagen dort oft viel Betrieb herrscht.
Der geringste Eintrittspreis für den Besuch besteht im Gang auf die Ruine.
Die aus dem 12. Jahrhundert stammende Reichsburg Lindelbol (Lindenhügel) wurde nach dem Aussterben der ersten Besitzer durch Kaiser Rudolf von Habsburg den Grafen von Leiningen übergeben. Später war die Burg zeitweise an die Kurpfalz verpfändet, bis sie 1525 dem Bauernkrieg zum Opfer fiel.
Nach der Besteigung der künstlichen Felsburg lohnt sich noch ein Gang hinüber zur natürlichen Zinne des Rödelsteins. Wichtig ist, sich auf dem Hinweg etwas

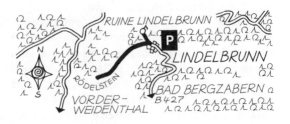

links in Richtung Höhenrücken zu halten, der zum Fuß des Felsbühls führt.
Kurz nach Beginn des Waldes geht dann der vom Pfälzerwaldverein angelegte und beschriftete Rödelstein-

Schloß in Bergzabern

weg steif hinauf zur eigentlichen Felswand, wo man sich im Frühling herrlich windgeschützt der ersten Sonnenanbetung hingeben kann.

Wenn Sie nun nach der Rückkehr zum Wagen in den Lindelbrunner Gasthäusern ähnliche Verhältnisse antreffen wie zur Urlaubszeit auf den bundesdeutschen Autobahnen, dann verlegen sie das Vesper nach Bergzabern und sehen sich den schönen Badeort etwas genauer an.

Bereits die Römer, die auch dem Ort seinen Namen gaben (Tabernae Montanae), hatten sich hier niedergelassen. Von der einstigen mittelalterlichen Befestigungsanlage sind nur noch der Dicke und der Storchenturm zu bewundern. Und am baugeschichtlichen Schmuckstück der Stadt, der Renaissance-Fassade des Gasthauses zum Engel (16. Jh.) am Marktplatz darf man nicht vorbeigehen.

> Wandervorschlag 47

Zur einsamen Hirzeck-Hütte

Ausgangsort: Birkenhördt
Gehzeit: 1 Stunde
Einkehr: Hirzeck-Haus
Anfahrt: MA-LU 80 km

Die Dornröschen-Hütte des Pfälzerwaldvereins ist auf guten Fahr- und Wanderwegen relativ leicht zu erreichen – wenn einem jemand sagt, wo sie liegt.
Dieser Führer will es tun. Fahren Sie also von Bad Bergzabern aus zunächst in Richtung Pirmasens-Dahn bis durch den Ort Birkenhördt. Dahinter gabelt sich die Straße. Wir benutzen den linken Zweig in Richtung Pirmasens, aber nicht sehr lange. Denn schon wenige hundert Meter weiter, vor einer felsgerahmten Kuppe, werden wir beim Straßenschild „Dahn 13 km" freundlich nach links eingeladen von einem Wegweiser mit blauem Punkt und der Aufschrift „Hirzeckhaus 9 km". Ein asphaltierter, befahrbarer Waldweg verscheucht das Schreckgespenst eines zwei- bzw. vierstündigen Fußmarsches.
Für die 9 km muß man mit dem Wagen mindestens 13,5 Minuten brauchen, was genau der vorgeschriebenen Höchstgeschwindigkeit von 40 Stundenkilometern entspricht. Aber das Sträßlein ist so schön, daß die Klugen länger und die Genießer noch länger unterwegs

sind. An einigen Stellen bieten sich nämlich wunderschöne Blicke hinunter in die Schlucht des Seehoftals und hinüber zur Burg Berwartstein. Wer also dort nicht aus dem Auto steigt, ist selbst schuld.

Nach etwa sieben Kilometern geht es nach rechts in einen schmaleren Fahrweg. Tausend Meter weiter ist dann an einer eleganten Endschleife die Autowelt vorbei.

Der linke der beiden sich dort auftuenden Wege weist direkt zur Hütte, die sich tückischer- oder glücklicherweise doch nicht ohne eine knapp halbstündige Bewegung unserer Gehwerkzeuge gewinnen läßt. Wer noch eine Fleißaufgabe erfüllen will, gehe zunächst

über den rechten Pfad zum Gipfel des Hirzecks und von dort zur Hütte.

Das recht moderne Unterkunftshaus liegt inmitten eines Eldorados an Waldesruhe. Es ist von Anfang April bis Ende Oktober an Sonntagen bewirtschaftet. Im Innern werden noch verschiedene Erinnerungsstücke an die merkwürdige Böhämmer-Jagd aufbewahrt, die früher um Bergzabern zur Winterszeit üblich und beliebt war.

Hinter der in Gelehrtenkreisen Kopfschütteln hervorrufenden Bezeichnung „Böhämmer" verbirgt sich ein nordischer Vogel, der Bergfink oder Gägler. Angelockt von den Pfälzer Bucheckern, kam er früher im Herbst in die Pfalz und überwinterte dort. Die Vögel waren zahlreich und hatten die Eigenart, in Schwärmen auf Bäumen zu übernachten. Da sie durch einen Gewehrschuß aufgestöbert worden wären, entwickelten die Bergzaberner eine besondere Jagdmethode:

Nachts wurden die einzelnen Bäume mit Fackeln abgeleuchtet. Fand man einen, auf welchem die Böhämmer zum Schutz vor der Kälte dicht nebeneinander auf den Ästen saßen, so wurden mit Hilfe von Blasrohren und Lehmkugeln einzelne Tiere aus der Reihe herausgeschossen. Die entstandenen Lücken schlossen die Vögel im Schlaf durch instinktives Nachrücken.

Heute sind die Vögel nicht mehr so zahlreich, und die Jagd auf sie ist außerdem verboten. So bleibt es bei den Trophäen der Hirzeckhütte, einem Blasrohr mit daraufsitzenden Böhämmern.

Sie sind allerdings nur aus Brezelteig.

Wandervorschlag 48

Durch das Seehoftal zur Burg Berwartstein

Ausgangsort: Lauterschwan
Gehzeit: 2–3 Stunden
Einkehr: Berwartstein
Anfahrt: MA-LU 75 km

Der einzigen vollständigen Burg der Südpfalz, dem Berwartstein, darf man sich nicht über die Kilometersprünge des Tachos nähern. Man muß sie sich wenigstens im letzten Abschnitt Meter für Meter erwandern, und zwar auf folgende Weise:
Mit dem Wagen geht's von Bad Bergzabern in Richtung Dahn über Birkenhördt zum Dörfchen Lauterschwan. Einige Meter vor dem gelben Ortsende-Schild biegen nach links zwei Feldwege ab. Wir laufen auf dem unbetonierten, rechts von einer Wasserrinne begleiteten Weg zum Waldrand des Haupttals, in welchem rechts die Landstraße nach Dahn weiterverläuft, und gehen an ihm entlang, immer in gleicher Richtung wie die weiterziehende Landstraße. Ein gelber Markierungsstrich bestätigt den richtigen Weg.
Jetzt wenden wir uns voll dem beschaulichen Teil der Wanderung zu. Nicht lange, und rechts vom Weg erscheint der erste, langgezogene Weiher des Seehoftals, der später durch einen zweiten und dritten abgelöst

wird. Dann kommen die wenigen Häuser des sogenannten Seehofs. Anschließend promenieren wir am vierten, größten und schönsten See des Tales mit seiner kleinen Badeanstalt. Er ladet sowohl zum Bade als auch zum Verweilen und Schauen...
Inzwischen ist auch schon unser Berwartstein sichtbar geworden. Hinter dem vierten See geht der Weg nach

rechts hoch zur Burg oder zur Burgschänke – je nach Weltanschauung.
Beide Richtungen kommen jedenfalls gleichermaßen auf ihre Rechnung. Zum wohlverdienten Bier oder Kaffee servieren wir Ihnen noch etwas Burggeschichte: Der Berwartstein wurde bereits etwa 1000 n. Chr. erbaut, wobei die mühseligste Arbeit im Ausmeißeln der über 100 m tiefen Zisterne bestanden haben mag. – Um 1300 war aus der ehemaligen Reichsburg ein Raubritternest geworden; die Strafe folgte in Form der ersten Zerstörung durch die Reichsstädte Straßburg und Hagenau 1314. Nach dem Wiederaufbau wurde die Burg Eigentum der Kurpfalz und erhielt in dem Rit-

ter Hans von Trott, einem der tapfersten Männer seiner Zeit, ihren markantesten Besitzer.
Um 1600 vernichtete ein Brand die Burg. 300 Jahre später fand sich dann im ehemaligen Hauptmann von

Im Seehoftal

Hoffmann ein Idealist, der sie in ihrer heutigen Form wieder aufbaute.
Auf der gegenüberliegenden Anhöhe steht ein Vorwerk mit dem Namen Klein-Frankreich. Früher führte ein unterirdischer Gang von der Burghöhe durch die Talschlucht zu dieser Anlage, eine imposante technische Leistung der mittelalterlichen Erbauer.
Die Führung durch die Burg vermittelt einen Eindruck von ihrer früheren Stärke. Beide Altane bieten zudem

Burg Berwartstein

eine einmalige Sicht über Wälder, Berge und Kulturland des Wasgaues.

Zum Schluß noch ein Tip für die Faulen: Vielleicht findet sich in der Familie ein jüngerer Führerscheininhaber, der im Geschwindschritt zum Wagen zurückeilt und ihn unbeschädigt über Erlenbach in den Burghof bringt? Wenn nicht, bleibt nichts anderes übrig, als nochmals durch das Seehoftal zu spazieren.

Aber das wäre auch nicht das Schlimmste.

Wandervorschlag 49

Auf einen stillen Pfälzer Waldberg

Ausgangsort: Bundenthal
Gehzeit: 3–4 Stunden
Einkehr: Wieslautern
Anfahrt: MA-LU 85 km

Er heißt Jüngstberg, ist 487 m hoch und von der üblichen Steilheit der Wasgauberge.
Trotzdem kann sein Gipfel auch von minderbemittelten Gehern ohne große Mühe betreten werden – mit Hilfe eines fast den ganzen Berg umrundenden, immer nur leicht ansteigenden Wanderwegs. Das geht natürlich etwas auf Kosten der Zeit, aber die Länge des Weges ist mehr Belohnung als Unbill.
Um diese Belohnung zu empfangen, fährt man von Bad Bergzabern in Richtung Pirmasens – Dahn bis zur Straßenkreuzung vor der Burg Berwartstein, und dort nach links ab durch Erlenbach und Niederschlettenbach.
Anschließend geht die Fahrt durch den Ortsteil Bundenthal der erst kürzlich per Zusammenschluß entstandenen neuen Gemeinde Wieslautern, wo zunächst die interessante Wehrkirche unsere Aufmerksamkeit fesselt. Einige hundert Meter weiter, an der Gaststätte „Zum Bahnhof", heißt es dann auch für die Autofahrer „alles aussteigen".

Startpunkt unserer Wanderung ist der hundert Meter dahinter nach rechts hochziehende, anfänglich betonierte Weg, an dem ein Schild den Beginn des mit der Nummer 3 bezeichneten Pfades zum Jüngstberg verkündet. Wir wandern auf diesem Weg durch das Wiesental, queren an seinem Ende nach links hinüber zum Waldrand, gehen dort aber nicht, wie es der Richtungszeiger des zweiten Schildes verlangt, geradeaus

hoch zum Gipfel, sondern – immer auf dem breiten Waldweg – nach rechts hoch.

Markierungszeichen: Fehlanzeige, jedoch ist unser Weg daran zu erkennen, daß der Laubwald (links) von Nadelwald (rechts) scheidet (später Seitenwechsel!). Links findet sich kurze Zeit später ein Waldmarterl. Weiter oben zeigt ein fünftes Schild „Jüngstberg über Jagdhütte" nach rechts. Unbeirrt orientieren wir uns an dem sich dort zeigenden weißen Punkt, wenn auch der Weg abwärts und am Gipfel vorbeizugehen scheint. Er hat nämlich vor, uns das Landschaftsidyll an der sich bei der Jagdhütte auftuenden Waldecke zu zeigen.

Wer könnte an dieser Bank vorübergehen?

Von hier aus schlägt der Weg, jetzt mit dem Wegzeichen der roten 3 auf weißer Scheibe, den Kurs zum Gipfel ein. Im unentwegten leichten Hochstreben ergeben sich allmählich zauberhafte Ausblicke auf das Felsmassiv des Heidenberges und die dahinter liegende Ruine Drachenfels.

Später geht es wiederum links hoch; an einer Haarnadelkurve lasse man sich aber nicht nach rechts verleiten, sondern bleibe vorerst auf dem am Hang weiterziehenden Pfad.

Am hinteren Ende des Gipfelaufbaues macht der Weg dann ernst und windet sich über kurze, steile Kehren nach oben zu der durch die kleinen Gipfelfelsen hochgebirgsartig wirkenden Bergspitze.

Die Felsen lassen sich über eine neu angelegte Treppe leicht ersteigen. Von oben genießt man einen herrlichen Rundblick über den Wasgau.

Gegenüber ragt der Bundenthaler Turm, einer der größten Felsen der Südpfalz, aus dem Wald.

Scharfäugige entdecken im Tal auch die Fassade der Burg Berwartstein, die besonders im Herbstdunst von hier oben richtig schemen- oder geisterhaft wirkt.

Wagemutige mit eingebautem Kompaß riskieren anschließend den direkten Abstieg und sind nach kurzer Zeit unten. Alle anderen handeln nach der Parole „Sicher ist sicher" und gehen über den Aufstiegsweg zurück.

Wandervorschlag 50

Drei Burgen, zwei Höfe und ein Maler

Ausgangsort: Nothweiler
Gehzeit: 3–4 Stunden
Einkehr: Nothweiler oder Gimbelhof
Anfahrt: MA-LU 85 km
Personalausweis notwendig!

Nothweiler wird von Bad Bergzabern aus angesteuert über Birkenhördt–Lauterschwan–Straßenkreuzung am Berwartstein–Erlenbach–Niederschlettenbach. Von dort geht es zunächst in Richtung Bundenthal weiter, bis die beschilderte Stichstraße nach links zu unserem heutigen Ausgangspunkt abschwenkt.
Am idyllischen Dorfplatz hat es dann mit der Fahrerei ein Ende, und eine ebenso geschichtsträchtige wie farbige Wanderung fängt an: Über drei oder vier Burgen ins elsässische Nachbarland und über zwei Höfe wieder zurück (Bitte Paß einstecken!).
Mit der Farbe haben wir es eigentlich schon in der Nähe des Parkplatzes zu tun: Am Gasthaus zur Wegelnburg in Nothweiler, dessen Inhaber, E. Löscher, durch schöne Landschaftsbilder aus der Südpfalz bekannt geworden ist.
Doch dieser Tip gilt erst für die Rückkehr. Nehmen wir also zuerst den Weg zur Wegelnburg in Angriff, der, gut ausgeschildert, gleich beim Gasthaus beginnt (bis zur Burg grünen Strich benutzen).

Inmitten der typischen südpfälzischen Landschaftskulisse – links Waldtal, rechts Sandsteintrümmer – wandern wir nach oben, umgehen vorerst den steilen Burghügel rechts und steigen dann von hinten bequem zur ehemaligen Reichsburg hinauf.

Sie wurde um 1200 erbaut und 1679 endgültig zerstört. Die Wegelnburg ist die höchstgelegene Ruine der Pfalz und bietet entsprechend schöne Ausblicke. Für den Weiterweg wählen wir den Pfad mit dem blauen Strich. Er bringt uns auf der anderen Seite des

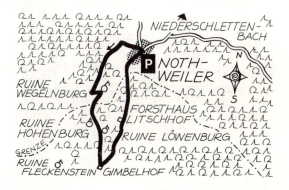

Bergkammes nach kurzer Zeit zur Bundesgrenze mit einem alten Grenzstein sowie dem Kaiser-Wilhelm-Gedächtnisstein, der mit seiner fehlenden Inschrifttafel an den Wandel der Zeiten gemahnt.

Ab Grenze gelten dann die französischen Markierungen. Ein roter Strich weist nach halblinks über eine Art

Dschungelpfad zur früher Franz von Sickingen gehörenden Hohenburg, deren Aussichtsplattform über sehr abgetretene Stufen erklettert wird (Bei Schnee und Eis größte Vorsicht!). Fünf Minuten später sind wir mit dem roten Strich schon bei der dritten Burg, dem Löwenstein des berüchtigten Raubritters Lindelschmitt, der in Frankenthal gehenkt wurde.

In Nothweiler

Der rote Strich lenkt uns weiter auf einen breiten Waldweg mit dem roten Dreieck, den wir nach rechts so lange verfolgen, bis nach links ein Weg mit der weißen Scheibe zum bald sichtbar werdenden Gimbelhof führt. Dort schmeckt der französische Rotwein nach der dreifachen Burgbesteigung ganz besonders gut! Wer eine vierte Besteigung nicht scheut, kann vom

Gimbelhof noch hinüberwandern zum Fleckenstein, der zweifellos grandiosesten aller Felsburgruinen im Wasgau.

Vom Gimbelhof geht es dann mit der blauen Scheibe durch ein gemütliches Tälchen (an einer Kreuzung links halten) über den Litschhof und den Schlagbaum wieder nach Nothweiler zurück, wo Sie den Besuch des Heimatmalers in seiner Wirtschaft nicht versäumen sollten.

Eines der dort hängenden Gemälde zeigt den Dorfplatz von Nothweiler mit dem schönen Sandsteinbecken des Dorfbrunnens. Mit diesem hat es übrigens seine eigene Bewandtnis.

Sicher erinnern Sie sich an den Grafen Zeppelin. Und sicher wissen Sie noch aus der Schule, daß er vor seinem Luftschiffbau bereits durch ein anderes Ereignis hervortrat: Durch seinen Erkundungsritt ins Elsaß zu Beginn des deutsch-französischen Krieges 1870.

Der Graf erreichte im Sommer 1870 als einziger Teilnehmer dieses Rittes wieder die deutschen Linien. Und zwar genau da, wo wir jetzt sind: In Nothweiler. An besagtem Brunnen tränkte er sein Pferd, und der Brunnen trägt heute noch seinen Namen.

> Wandervorschlag 51

Drei Elsässer Raubritternester

Ausgangsort: Hirschtal
Gehzeit: 2 Stunden
Einkehr: Niedersteinbach im Elsaß
Anfahrt: MA-LU 100 km
Personalausweis notwendig!

Dieser Wanderführer wäre unvollständig, würde er nicht am Beispiel wenigstens eines Auto-Wandertages beweisen, daß die Schönheit des Wasgaus sich auch jenseits der Staatsgrenze fortsetzt.
Zu unserer kleinen Erkundungsfahrt ins Elsaß fahren wir so südlich wie möglich an, d. h. über Bad Bergzabern – Straßenkreuzung Berwartstein – Niederschlettenbach – Bundenthal. Gleich hinter diesem Ort biegt man nach links in die Straße nach Fischbach ein, verläßt sie jedoch einige Kilometer hinter Rumbach am Felsturm der Adelsnadel erneut nach links und fährt über Schönau zum Grenzort Hirschtal, wo sich spätestens erweisen wird, ob Vater den Paß nicht vergessen hat.
Auf französischem Boden halten wir uns immer in Richtung Bitche und blinkern schon bei erster Gelegenheit an der unverkennbaren Tannenbrücke nach rechts. Hinter der Brücke sollten Sie aber kein Vollgas mehr geben, denn dort gilt es, das nahe liegende, je-

doch gut getarnte Frönsburger Raubritternest zu finden.
Nach dem Kilometerstein 11 öffnet sich nach rechts ein befestigter Weg mit dem Schild „Ruine Frönsburg 1,5 km", der über das Tälchen zum gegenüberliegenden Frönsburger Hof leitet. Wer es sehr eilig hat, kann auch noch nach dem Meilenstein Nr. 10 die nächste Einfahrt nehmen und den Wagen am ehemaligen Forsthaus Welschthal abstellen. In beiden Fällen bringt ihn der blaue Strich nach kurzer Zeit zur überaus malerisch auf zwei abweisende Felsriffe aufgeklebten Ruine Frönsburg.
Die Kühnheit dieser Anlage – und auch der beiden folgenden – zu beschreiben, ist unmöglich. Wir begnügen

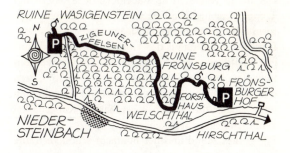

uns mit dem praktischen Hinweis, daß Stöckelschuhe wirklich lebensgefährlich sein können, und daß man auch die Premiere des neuen Kostüms oder Anzugs besser auf einen anderen Termin verschiebt. Und Vorsicht mit Kindern!

An der Ruine findet sich auch der rote Strich, der passionierte Wanderer auf einem genau 7,2 km langen Weg über den Zigeunerfelsen zum Wasigenstein bringt.

Wer es mehr mit der Stippvisite hält, setze sich wieder in den Wagen und fahre in Richtung Bitche weiter, zunächst durch Niedersteinbach, wo das Gasthaus „Au cheval blanc" als Stützpunkt sehr zu empfehlen ist (auch nach Rückkehr vom Wasigenstein).

Etwa 200 Meter hinter dem Ortsende von Niedersteinbach geht es nach rechts hoch in das Sträßlein nach Wengelsbach. Am höchsten Punkt der Straße, rechts ein Holzplatz, stellt man das Blech zum Holz und wandert mit dem roten Strich zum Zigeunerfelsen (600 Meter).

Der auf der Rückseite über abenteuerliche Leitern und Treppen zugängliche Fels war früher Beobachtungsturm oder Vorburg des Wasigensteins.

Diese Burg und damit den Höhepunkt unserer heutigen Drei-Burgen-Fahrt erreichen wir, indem wir vom Holzplatz nur etwa 150 Meter weiter (bergab) fahren oder rollen, bis zur nächsten, auffallend beschilderten und zudem durch den zwerghaften Klingelfelsen kenntlich gemachten Kehre.

Ein grünes Schild und der nunmehr schon vertraute rote Strich bringen auch den müdesten Wanderer in wenigen Minuten ans Ziel, und zwar deshalb, weil der Weg zur Burg – ein Kuriosum – ständig bergab geht. Auch hier überlassen wir Sie wieder dem großen Staunen und erinnern nur daran, daß diese Burg dem Wasgau seinen Namen gab.

Mit dem Besuch des Wasigensteins ist der amtliche Teil unseres Wandervorschlages abgeschlossen. Unersättliche können jedoch durchaus noch nachfeiern – sogar noch zweimal. Denn eine knappe Viertelstunde über dem nächsten Ort Obersteinbach liegt auf einer Felskanzel die genau so wildromantische Burgruine Klein-Arnsberg. Und bei der Weiterfahrt in Richtung Bitche taucht als fünfte die breit auf einem Bergrücken hingelagerte Ruinenfassade Lützelhardt auf (Zugang nach rechts über eine beschilderte Forststraße).
Es ist durchaus möglich, alle fünf Burgen an einem Tage zu besuchen. Für Muskelkater am nächsten Tag wird jedoch keinerlei Haftung übernommen.

> Wandervorschlag 52

Zur Ruine Blumenstein und auf den Maimont

Ausgangsort: Petersbächel
Gehzeit: 2–3 Stunden
Einkehr: Im Gebüg
Anfahrt: MA-LU 100 km

Dies ist eine der romantischsten Wanderungen, die in der Pfalz möglich sind.
Unter einer kleinen Voraussetzung: Erst Sonnenschein und gute Sichtverhältnisse (Herbst!) machen sie zum großartigen Erlebnis.
Die Anfahrt: Landau – Bad Bergzabern – Straßenkreuzung Berwartstein, dort links ab über Erlenbach – Bundenthal, am Ortsende wiederum nach links in Richtung Fischbach – Eppenbrunn. In Ortsmitte Fischbach dann links zum Grenzort Petersbächel und von dort in Richtung Schönau, aber nur bis kurz hinter den Weiler „Gebüg", wo wir an der Straße einen Parkplatz finden. Hier stellen wir den Wagen ab und lassen uns auf der anderen Straßenseite vom unteren der beiden dort beginnenden Wanderwege in den Wald bitten.
Zunächst geht es durch einen Buchenhain bis zum Beginn eines bewaldeten Kessels, an dessen Ende der Felsklotz der Ruine Blumenstein herübergrüßt. Je

nach Gangart (die Gescheiten brauchen länger) erreichen wir in etwa einer halben Stunde dieses erste Ziel. Der Blumenstein war im Mittelalter Gegenstand vielfacher Ritterfehden; Hauptfeinde waren die Herren der benachbarten Burg Fleckenstein. Später diente die Ruine wegen ihrer versteckten Lage noch lange als Fliehburg.
Aus halber Höhe genießen wir den Blick über die weiten Waldungen und wenden uns dann, evtl. unter Zurücklassung Ruhebedürftiger, weiteren Taten zu.
Sie bestehen darin, daß wir vom Fuß der Ruine aus der rot-weißen Markierung (Beschilderung: Opferschale)

folgen. Der Weg quert den Berggrat, der vom Maimont-Felsen zum Blumenstein herunterzieht, und verwandelt sich auf der linken Seite in einen fast alpinen Pfad, der uns mit immer schöner werdenden Ausblicken schließlich in die Scharte zwischen den beiden Maimontgipfeln bringt, in welcher einige alte Grenzsteine von 1826 stehen.

Sie ziehen den politischen Trennungsstrich jedoch nicht zwischen D und F, sondern noch zwischen B (Bayern) und E (Elsaß). Da dies aber ihre heutige Gül-

Ruine Blumenstein

tigkeit in keiner Weise beeinträchtigt, wird empfohlen, einen Personalausweis bei sich zu haben.
Von der Scharte aus wenden wir uns zuerst nach links und gelangen über den beschilderten Pfad bald zu

dem im Wald versteckten Hauptgipfel des Maimont (513 m). Dort erwarten uns zwei kleine Sehenswürdigkeiten, eine <u>keltische Opferschale</u> und die Reste einer französischen Stellung aus den Anfängen des Zweiten Weltkrieges.

Wir wandern wieder zurück und kommen von dort in der entgegengesetzten Richtung zum felsgekrönten Vorgipfel des Maimont mit dem großen Kreuz.

Und hier sind wir an einer der schönsten Stellen der Südpfalz. *Nebel + Regen!*

Denn es gibt im ganzen Wasgau keine bessere Schaukanzel. Weit ragt der Berg gegen die niedrigeren Gipfel heraus und läßt den Blick über ganze Waldmeere hingehen. An klaren Tagen sieht man bis in die Gegend von Kaiserslautern.

Wer hier oben nicht beeindruckt ist, muß als hoffnungsloser Fall abgeschrieben werden.

Voll schöner Eindrücke machen wir uns auf den Rückweg. Einfacher geht es nicht mehr: Schuljungenhaft lassen wir uns in der direkten Gipfelfallinie von der Schwerkraft zur Ruine Blumenstein bringen und laufen von dort wieder zum Auto zurück.

Wandervorschlag 53

Der Eppenbrunner Felszirkus

Ausgangsort: Eppenbrunn
Gehzeit: etwa 3 Stunden
Einkehr: Eppenbrunn
Anfahrt: MA-LU 105 km
Personalausweis notwendig!

Ein Autowandertag der Superlative: Eine der längsten und umständlichsten Anfahrten wird honoriert durch ein ungewöhnliches Naturerlebnis.
Die Anreise erfolgt entweder auf der B 10 bis Pirmasens und dann südlich über Nieder- und Obersimten und Trulben nach Eppenbrunn oder (landschaftlich noch schöner) über Bad Bergzabern, Burg Berwartstein, Niederschlettenbach – Bundenthal – Rumbach – Fischbach – Eppenbrunn.
Dort beginnt am Kurhaus Eppenbrunner Weiher unser Wanderweg mit dem weißen Kreuz, der hinter den Gebäuden, ein kurzes Stück noch betoniert und befahrbar, in die Höhe führt.
Oben geht es dann per pedes unter Buchen weiter. Bald wird ein kleines Tälchen mit einem Holzabfuhrweg erreicht und bis zu einer Hochfläche verfolgt. Dort stehen links auf dem Brechenberg als wahrhaft majestätische Wegzeichen die vier gewaltigen Solisten des Eppenbrunner Felszirkus', der sog. Altschloßfelsen.

In fünf Minuten sind wir mit dem weißen Kreuz oben und bestaunen die urwelthaften Giganten. Eine Bank lädt zum Rasten ein.

Hinter den vier Türmen erstreckt sich ein kilometerlanges Felsmassiv, das durch einen Weg (weiß-blauer Strich) erschlossen wird.

Der anschließende Rundgang stellt den absoluten Höhepunkt aller Felswanderungen in der Südpfalz dar. Jeder Meter zeigt uns neue Felsformationen und ein neues, gelb-rotes Farbenspiel. Die Verwitterung des weichen Sandsteins schuf filigranartige Muster sonder Zahl.

Am ersten Wegknick überwindet der Pfad die sper-

rende Felsmauer mit Hilfe eines wilden Felsentores, das sich von nahem als ein ganzes Labyrinth von überdachten Durchbrüchen erweist. Es folgt eine etwa 100 Meter lange Galerie mit unglaublich weit ausladenden

Felsdächern ohne einen einzigen äußeren Stützpfeiler, und es geht weiter mit messerglatt abgeschnittenen Wänden, tiefen Höhlen, weiteren Dachvorsprüngen ... fast endlos.

Doch einmal ist die Herrlichkeit dann zu Ende, und zwar an einem Wegweiser, der in tiefster Natureinsamkeit plötzlich auf ein römisches Diana-Bild verweist, zu dem uns die Fortführung des weiß-blauen Striches bringt.

Um es gleich zu sagen: Für historisch nicht sonderlich Interessierte ist das kleine, von Römern in eine Felswand gemeißelte, aber von Wind und Wetter zweier Jahrtausende unscharf gewordene Relief mit den Göttergestalten Diana, Mars und Silvanus nicht sehr attraktiv.

Vom ersten Wegzeichen zum Diana-Bild, also vom äußersten Punkt des Felsrondells, bieten sich mehrere Rückwege an.

Will man den Felszirkus noch weiter erleben, dann ist es am besten, nach rechts herum weiter an den Felswänden zu bleiben. Da das Massiv die Form eines Ovals hat, kommt man zwangsläufig auf der Höhe wieder zu den bereits beschriebenen vier freistehenden Türmen zurück.

Wer das Diana-Bild besuchen möchte (Personalausweis notwendig, Grenzüberschreitung!), geht auf dem Rückweg von diesem am deutlich sichtbaren gelben deutschen Grenzschild ohne Wegzeichen nach links, trifft nach kurzer Zeit einen befestigten Waldweg und auf diesem einen Kilometer weiter das wohlbekannte weiße Kreuz des Ankunftsweges.

Altschloßfelsen, Eppenbrunn

Auch wer mit dem weiß-blauen Strich absteigt, aber das Diana-Bild nicht ansehen will, kann diese Abkürzungsmöglichkeit wahrnehmen. Als General-Wegweiser benutze man immer den Felswall rechts oben auf dem Brechenberg.

Wandervorschlag 54

Römerfelsen und Jungfernsprung

Ausgangsort: Dahn
Gehzeit: 2 Stunden
Einkehr: Dahn
Anfahrt: MA-LU 90 km

Man kann nicht in Dahn gewesen sein, ohne seinen beiden prominentesten Aussichtsfelsen einen Besuch abgestattet zu haben: Dem Römerfelsen und dem Jungfernsprung.
Der Besuch des Römerfelsens über beschauliche Waldwege nimmt – mit Rückweg – etwa eine Stunde in Anspruch. Vom großen Parkplatz rechts an der Einfahrt geht es in Richtung Pirmasens zu Fuß bis kurz vor das Ortsende mit dem links der Straße stehenden gelben Schild „Nach Hinterweidenthal 6 km". Wenige Meter vorher zweigt der mit der Nummer 7 versehene Weg scharf nach rechts hoch von der Straße ab. Eine Tafel mit der Aufschrift „Römerfelsen-Rundweg 1 Stunde" beseitigt die letzten Zweifel.
Durch Mischwald, immer der Markierung nach, ist man bald am Ziel.
Die Krönung der kleinen Wanderung besteht in der Besteigung des Römerfelsens über die dort angebrachten eisernen Leitern. Wir genießen gewissermaßen von

einer rückwärtigen Loge aus einen schönen Blick auf das Städtchen und das Tal von Dahn.
Der Blick von der Loge muß aber noch ergänzt werden durch den Blick vom Orchestersessel. Zu diesem Zweck laufen wir mit der Nummer 7 einfach so lange weiter, bis sie auf den Weg 5 stößt, der einem nach kurzem, aber schweißtreibendem Aufstieg zur Höhe des Jungfernsprunges bringt.

Von der vorderen Plattform aus haben wir eine überaus malerische Sicht auf Dahn mit seinen Baukasten-Häusern, Auto-Käfern und Menschen-Ameisen.
Die Felskanzel ist in mehrfacher Hinsicht berühmt. Einmal als Wahrzeichen von Dahn; der sich bei der Anfahrt von Bergzabern nach einer Kurve bietende erste Anblick von Stadt und Fels ist höchst eindrucksvoll.
Zum zweiten rankt sich eine alte Sage vom bösen Ritterknecht und vom unschuldigen Burgfräulein um den Felsen. Da ein folgenloser Sprung vom Felsen heute nicht mehr garantiert werden kann, ist oben ein Drahtzaun angebracht, der aber wieder diejenigen

Der Jungfernsprung in Dahn

stört, die in umgekehrter Richtung heraufkommen: Die Kletterer.
Denn der Jungfernsprung ist die Eiger-Nordwand der Pfalz. Nach langjährigen Diskussionen über die Besteigbarkeit kletterten Hans Laub und Fred Frey aus Pirmasens 1955 zum ersten Male nahezu in der Fallinie des Absturzes bis zum Gipfel.
Seit dieser Zeit zählt der Jungfernsprung zu den begehrtesten Kletterzielen in der Südpfalz. Da die Kletterer jedoch im allgemeinen keine Schau-Sportler sind, wird die Tour meistens werktags oder sehr früh am Sonntag begangen. Man muß also schon Glück haben, um eine Kletterpartie mitzubekommen.
Aber auch ohne Glück können wir jederzeit etwas anderes sehen: Das im oberen Drittel der Wand in einer Blechkassette hängende Gipfelbuch, ein auffallendes, blinkendes Rechteck auf der linken Wandseite.
Sogar der Name des Verfassers dieser Zeilen und der seiner Ehefrau stehen drin, wenn auch etwas zittrig. Wer's nicht glaubt, möge nachsehen!

Wandervorschlag 55

Von Dahn zur Burgruine Neu-Dahn
Ausgangsort: Dahn
Gehzeit: 2 Stunden
Einkehr: Neudahner Weiher
Anfahrt: MA-LU 90 km

Ein Spazierweg wie geschaffen für Faulenzer und solche, die ihre Beine aus irgendwelchen sonstigen Gründen nicht überanstrengen wollen oder können. Von der Ortsmitte Dahn bummeln wir in Richtung Bergzabern durch die Haupt- und nach rechts durch die Hasenbergstraße, steuern nach Überquerung der Bahngleise sofort nach rechts in die Ludwig- und dann wieder nach links in die Schillerstraße. Am Schillerturm (Jakobfelsen) und seiner kleinen Anlage vorbei kommen wir über einen im Tal bleibenden Feldweg zur Äußertmühle. Wenige Meter hinter ihr weist links ein markierter Pfad zur Höhe. Unter den an seinem Anfang verzeichneten Wegmalen findet sich auch die schwarze 4 auf weißem Grund, der wir uns heute anvertrauen.

Der schattige Waldweg führt gemächlich hoch und zeigt uns gelegentlich nach rechts das Tal der Wieslauter und den Jungfernsprung. Wem die geringe Steigung trotzdem Schwierigkeiten bereitet, der darf sich auf eine der schönen Bänke setzen, die der Verkehrsverein

Dahn freundlicherweise hier oben aufgestellt hat. Die anderen erreichen schon nach kurzer Zeit die Höhe des Bergkammes, auf dem der Weg nun fast ohne weiteres auf und ab zur Ruine Neu-Dahn hinüberzieht.

Wer ihn mit der Angetrauten geht, sollte unterwegs nicht das pflegen, was zur Errichtung dieser abseits der Dahner Hauptburgen auch geographisch im Schmoll-

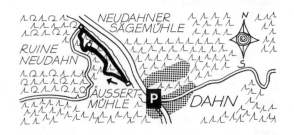

winkel liegenden Festung führte: Familienstreitigkeiten ...

Denn die Grafen von Dahn saßen zunächst einträchtig auf den zusammengebauten Burgen Alt-Dahn, Grafendahn und Tannstein, bis ... siehe oben.

Um 1240 erbaut, diente Neu-Dahn bis 1603 als Herrensitz und später als befestigte Wohnstatt. 1689 wurde die Burg dann von den Franzosen zerstört.

Seit dieser Zeit liegen ihre Trümmer brach, und nicht einmal ein Burgwirt hat sich da oben niedergelassen. Bevor Sie, ob dieses Mankos mehr oder weniger enttäuscht, den Rückweg antreten, sei den besonders Enttäuschten folgender Ausweg verraten:

Gehen Sie nicht in der Ankunftsrichtung zurück, sondern suchen Sie in ihrer Fortsetzung einen steil abfallenden Pfad. Er führt zunächst an den Neu-Dahner

Ruine Neu-Dahn

Weiher (im Sommer Bade-Gelegenheit) mit einer Gaststätte (ganzjährig Durst-Lösch-Gelegenheit!).
Nach vollbrachter Tat peilen wir dann den am Fuße des Burgberges zum Tal hinausziehenden Fahrweg an, der uns wieder zu unserem Ausgangspunkt, der Äußertmühle, zurückbringt.

Wandervorschlag 56

Von Dahn zum Reinighof

Ausgangsort: Dahn
Gehzeit: 2 Stunden
Einkehr: Reinighof
Anfahrt: MA-LU 90 km

Der Gang von Dahn zum Reinighof stellt eine schöne und beschauliche Kurzwanderung im Dahner Ferienparadies dar.
Den Wagen lassen wir dieses Mal irgendwo im Städtchen stehen. Von der Ortsmitte geht es ein kurzes Stück in Richtung Bad Bergzabern durch die Hauptstraße, bis an einem Schild „zur Jugendherberge" die Hasenbergstraße nach rechts abzweigt. Wir folgen ihr bis vor den Bahnübergang und entdecken unterwegs schon die gelbe Scheibe, die uns heute zum Reinighof bringen will.
Vor der Bahnüberführung biegt der Weg nach links, läuft ein Stück an den Schienen entlang und überquert sie schließlich.
Im Tal der Wieslauter zieht unser Weg noch etwas am Waldrand hin und wendet sich dann – unter Aufgabe der im Tal weiterziehenden Wegnummer 11 – dem Berg zu. Auf einem Buschpfad kreuzen wir an einer Aussichtsbank eine hohle Gasse und durchwandern

dann, immer dem gelben Leitstern folgend, eine dichte Kiefernschonung.
Später wird der Weg breiter und führt wieder durch Laubwald. An einer zweiten Bank haben wir dann Gelegenheit, verschiedene Felsgebilde zu bestaunen: Einmal die Gruppe der Lämmerfelsen, bestehend aus dem ersten und zweiten Lamm, dem Bockturm, dem Hirtenfels, dem Theoturm, der Himmelsleiter sowie dem ersten und zweiten Lämmchen. Ist das nicht eine kunterbunte Familie?
Im Rückblick besticht vor allem der vorn stehende

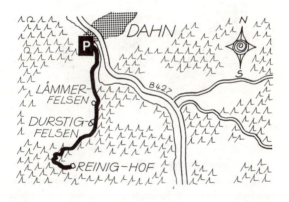

Bockturm mit seiner hohen und steilen Südwand, über die verschiedene Kletterrouten führen.
Wenige Meter über der zweiten Aussichtsbank stehen im Wald die Durstigfelsen; ein kurzer Abstecher hin-

auf und ein Rundgang um den allseits abweisenden
Koloß des Ludwigshafener Turmes lohnen sich.
Am Ende des Hochwaldes kommen wir schließlich in
das liebliche Tal des Reinighofes. Ganz Durstige kön-

Die Dursteine beim Reinighof

nen sich fofort an der am Weg liegenden Mariaquelle
laben; Genießer sparen den Durst zur kultivierteren
Befriedung bis zum Reinighof mit seiner ländlichen
Gastwirtschaft auf.
Der Talkessel des Reinighofes kann mit Fug und Recht
als einer der idyllischsten Plätze der Pfalz bezeichnet
werden. Beherrscher des Tales ist die gewaltige Felsgruppe der Dursteine; die beiden Türme werden vom

Volksmund mit seinem Hang zur Personifizierung auch Maria und Friedrich genannt.

Als Gegensatz zu diesem wuchtigen Naturdenkmal hebt sich auf der gegenüberliegenden Anhöhe die skurrile Silhouette des Napoleonfelsens scharf gegen den Himmel ab.

Wer noch Lust und Luft hat, kann auf einem beschilderten Serpentinenweg in etwa einer halben Stunde zu diesem Felsen hinaufsteigen. Er wird doppelt belohnt: Durch den reizvollen Rückblick auf die spielzeughaft wirkenden Gebäude des Reinighofes und durch die Sicht über ein weites, bewaldetes Gebiet auf der anderen Seite.

Der gelbe Punkt führt übrigens weiter bis Fischbach. Von Dahn bis nach dort sind es etwa 12 Kilometer, so daß sich aus Hin- und Rückweg schon eine gute Tageswanderung ergibt.

Wer sich mit dem Reinighof und dem Napoleonfelsen begnügt, geht von dort auf dem gleichen Weg wieder nach Dahn zurück – bereichert um ein schönes Wandererlebnis.

> Wandervorschlag 57

Zu den hohlen Felsen auf dem kleinen Mückenkopf

Ausgangsort: Dahn
Gehzeit: 3–4 Stunden
Einkehr: Dahn
Anfahrt: MA-LU 90 km

Unter dieser lustigen Überschrift steht ein Rezept für alle, die einmal einige Stunden völlig abschalten wollen.
Verliebten, Liebeskummerkranken und nervösen Managern wird hiermit folgendes verschrieben: Vom Kriegerdenkmal in der Mitte von Dahn fahren wir ein Stücklein in Richtung Bergzabern und betätigen vor der rechts abbiegenden Hasenbergstraße in gleicher Richtung den Winker. Die Straße führt über die Bahngleise und geradeaus weiter vorbei an der Felsgruppe von Braut und Bräutigam. Etwa 100 Meter hinter den Felsen biegt an einer alten Akazie ein Fußweg nach rechts in den Hintergrund des Tales ab. (Die Fahrstraße läuft nach links weiter). Hier ist dann der richtige Ort, um das Auto zu verlassen und die am Baum angebrachten Zeichen zu studieren.
Wir haben es heute mit den in das Tal hineinziehenden Zeichen der schwarzen 12 auf weißer Scheibe und des grün-blauen Striches zu tun.

Das ist alles über den ersten Teil des Weges. Wir brauchen jetzt nur noch in den stillen Laubwald unterzutauchen und ab und zu nach unseren Zeichen zu sehen. Nach einer starken Stunde wendet der Weg, deutlich beschildert, wieder nach links in Richtung Dahn zurück. Dort beginnt dann der ebenfalls beschilderte Seitenpfad zu den hohlen Felsen.

Es handelt sich dabei um eine seltsam geformte Sandsteingruppe mit allerlei Überhängen und Höhlen. Das interessanteste Bild bietet ein großer Überhang, der

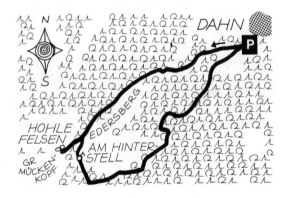

von einem nur noch ganz schmalen Felspfeiler gestützt wird – sozusagen der Riese Atlas auf pfälzisch!
Über den Seitenpfad erreichen wir wieder den Hauptweg und stehen dort vor der Frage: Auf gleichem Weg zurück – oder andersherum?

Wer weder phantasielos noch zu müde ist, scheue die etwas weitere Strecke nicht und gehe nach rechts. Dem Hinweisschild folgend, wandert man zunächst zu der 343 m hoch gelegenen Wegkreuzung am Hinterstell; von dort aus schlagen wir den ebenfalls beschilderten, 6,5 km langen Weg über den Dahnerberg nach Dahn ein, der allerdings im ersten Teil etwas Orientierungsvermögen verlangt: Man folgt der steinigen Waldstraße in der angegebenen Richtung, mißachtet drei rechts abgehende, sandige Waldwege, wendet sich aber dann bei der nächstfolgenden Straßengabelung rechts und trifft nach längerer Zeit den rot-weißen Strich, der nun geradeaus in Richtung Dahn verfolgt wird.

Durch ein Neubauviertel kommen wir zum Schluß wieder zu dem unter der Akazie wartenden Auto und haben dort 15 ehrliche Kilometer hinter und eine schwierige Entscheidung vor uns:

Rechts lockt das neu erbaute Dahner Schwimmbad und links die Stadt mit ihren gepflegten Gasthäusern.

Wandervorschlag 58

Von Erfweiler zur Winterbergkapelle

Ausgangsort: Erfweiler
Gehzeit: 2–3 Stunden
Einkehr: Erfweiler
Anfahrt: MA-LU 90 km

Nur zögernd wird hiermit die Existenz von zwei einsamen und romantischen Felstälern bekanntgegeben in der Hoffnung, dadurch keine Besucher-Invasion auszulösen. Denn die Stille ist ein wesentlicher Bestandteil der folgenden Wanderung.
Von Dahn aus fährt man zunächst etwa 2 km in Richtung Bergzabern bis zu den wenigen Häusern des Weilers Reichenbach (links der Straße eine Tankstelle). Unmittelbar hinter ihr schwenkt man nach links in die durch das Schild „Erfweiler 2 km" gekennzeichnete Straße ein.
Nach Erreichen dieses Dorfes biegen wir beim Gasthaus „Jägerhof" rechts ab und verfolgen die sich wieder nach links wendende Ortsstraße nunmehr, an der Kirche vorbei und alle weiteren Abweichungen mißachtend, geradeaus weiter, auch dann noch, wenn sie schmählicherweise ihre Asphaltdecke abgelegt hat. Am Ortsende wird nun rechts ein kleines Kapellchen sichtbar. Es stellt die erste Station des Wallfahrtsweges zur Winterbergkapelle dar, mit dem die heutige Wan-

derung größtenteils identisch ist. Also: Auto abstellen (Platz ist genügend vorhanden) und den nach rechts führenden Feldweg betreten – und damit gleichzeitig das erste der einsamen Täler, das Glastal.
Schon nach wenigen Metern öffnet es sich in seiner ganzen Pracht: Herrliche grüne Matten, ein munter sprudelnder Bach, die an das 19. Jahrhundert erin-

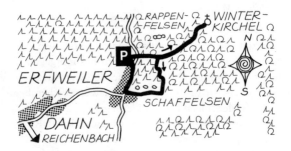

nernde heroisch-pathetische Felskulisse und strenge Nadelwälder.
Wir orientieren uns an den zur Winterbergkapelle weisenden Schildern und halten uns bei den beiden ersten Weggabelungen immer links bis zum Talschluß mit seinem Fischweiher.
Von dort ab führt der Weg bergauf. Durch den Wald mit immer wiederkehrenden reizvollen Ausblicken gewinnen wir an Höhe und erreichen schließlich am Scheitelpunkt des Weges die stilvoll aus Sandstein erbaute Winterbergkapelle.

Sie wurde 1949 aus den Trümmern eines älteren Kirchleins errichtet.

Wer Zeit und Lust hat, kann am Gegenhang absteigen und kommt dann nach Hauenstein. Ganz Eifrige können von dort aus noch das Stephanstal (Wandervorschlag 28) mitnehmen.

Wem das aber zuviel ist, der kehre an der Kapelle um und mache vom Wiesengrund des Glastales aus noch folgenden interessanten Abstecher:

An der von der Winterbergkapelle aus gesehen letzten bzw. vom Dorf aus gesehen ersten Abzweigung des Feldwegs, gegenüber dem mächtigen Felsmassiv des Rappensteins, steht ein Steinkreuz. Dort beginnt ein unbezeichneter Pfad, der über die steile Begrenzung des Glastales hinauf- und in ein genauso schönes anderes Tal, das Schaftal, hinabführt.

Begrüßt werden wir in diesem weit offenen Tal von der auf einem kleinen Bühl stehenden doppelten Felsnadel des Heegerturms. Gegenüber thront die Gruppe der Schaffelsen mit dem bizarrsten aller Südpfalzfelsen, dem „Schandarie" (Gendarm).

Der kurze, aber ungemein lohnende Umweg zeichnet sich dadurch aus, daß man nicht mehr ins Glastal zurückzugehen braucht. Denn vom Schaftal aus sind die Häuser von Erfweiler schon gut sichtbar.

Und das Dorf ist im übrigen nicht so groß, als daß man den abgestellten Wagen nicht mehr darin fände!

Wandervorschlag 59

Von Busenberg zur Ruine Drachenfels

Ausgangsort: Busenberg
Gehzeit: 2–3 Stunden
Einkehr: Busenberg
Anfahrt: MA-LU 90 km

Dies ist kein weiblicher Lebenslauf, sondern die Beschreibung eines schönen und nicht allzu anstrengenden Spazierweges, bei dem man zudem noch ein bißchen das Gruseln lernen kann.
Von Dahn fährt man in Richtung Bergzabern über den Weiler Reichenbach bis etwa Ortsmitte Busenberg zu einer unübersehbaren, gewaltigen Linde. An ihr geht es nach rechts ab in die sich dort auftuende Nebenstraße, aber nicht allzu schnell, denn schon wenige Meter später erfolgt der Übergang von vier Rädern auf zwei Beine.
Auch ohne Adlerauge finden wir am Ende der Dorfstraße den gelben Strich, der bereit ist, uns zur Burgruine zu bringen.
An Wiesen und Gärten vorbei geht die Wanderung zum Waldrand. Freunde von Abkürzungen verlassen dort den nach links weiterziehenden gelben Strich und steigen rechts von der dort stehenden Bank die sich als Weg gebärdende Rinne steil hinauf. Der Abstecher lohnt sich, denn er bietet im Gegensatz zur offiziellen

Route zusätzlich noch den Anblick der schroffen Talwand des Schulerfelsens.

Ob nach rechts oder links gehend – nach einer guten halben oder knappen ganzen Stunde kommt jeder ans Ziel: An die weitgehend in den Felsen eingehauene Ruine.

Bevor wir diese ungewöhnliche Anlage genauer ansehen, kurz ein Blick in ihre Vergangenheit:

Gegründet um 1200, war die Burg lange Zeit Versammlungsort der im Wasgau ansässigen Ritter. Ab 1400 stand sie im Eigentum einer Ganerbenschaft (=Erbengemeinschaft), zu deren Mitgliedern auch der deutsche Kaiser Maximilian I. und Franz von Sickin-

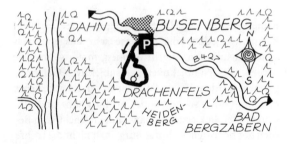

gen gehörten. Letzterer war indirekt auch an ihrer Zerstörung „schuld"; denn nach seinem Tode (1523) rächten sich die bei der sogenannten Sickingschen Fehde gegen ihn kämpfenden Fürsten an der Burg. Immerhin hinterließen sie eine imponierende Ruine.

Ruine Drachenfels bei Dahn

Bemerkenswert ist gleich zu Anfang die große Torburg. Bevor wir jedoch die teilweise sehr ausgetretenen Sandsteinstufen in Angriff nehmen, muß, wie in den Bergen, vor den objektiven und subjektiven Gefahren gewarnt werden: Wenn die Treppen vereist sind, kehrt man am besten schon bei der Torburg um. Und wer keinen Tiefblick ertragen kann, hat vielleicht vom Besuch der höchsten Teile der Burg auch nicht die rechte Freude.

Die nicht Betroffenen stürzen sich in das Abenteuer der steilen und engen Treppen, der höhlenartigen Durchbrüche und der bis zum höchsten Punkt führenden Holztreppe.

Den Rundblick kann man nicht schildern, man muß ihn erleben.

Die Burg hat übrigens noch einen wenig bekannten Vorposten:
Südlich von ihr liegt der Heidenberg. Sie erkennen ihn sofort am links hinten frei stehenden Felsturm und dem an seiner rechten Seite vorspringenden, schwärzlichen Sandsteinmassiv mit einer hohen Felsstirn.
Wie so oft, verbirgt sich auch hinter dieser Stirn ein Hohlraum. Er wurde aus dem weichen Stein herausgemeißelt und umfaßt eine Art Wohnung mit vier Stuben, einem zehn Meter über dem Boden gelegenen Eingang und verschiedenen Licht- und Lüftungsschlitzen durch die etwa einen halben Meter starke Außenwand.
Der Volksmund nennt die Anlage „Heidenkammern". Die Gelehrten beschäftigen sich mit der eingemeißelten Jahreszahl 1687.
Doch zurück zur Hauptburg. Sie zeigt uns beim Rückweg noch etwas Besonderes: Den zwischen dem Burg- und dem vorgelagerten Schulerfelsen liegenden ehemaligen Burgsaal, dessen Ausmaße heute noch erkennen lassen, daß er einst ein würdiger Versammlungsort war.
Zurück geht's ganz einfach immer in Richtung Busenberg abwärts.

Wandervorschlag 60

Von Lemberg zum Maiblumenfelsen

Ausgangsort: Lemberg
Gehzeit: 2 Stunden
Einkehr: Lemberg
Anfahrt: MA-LU 100 km

Es ist unmöglich, über Wanderungen in der Pfalz zu schreiben, ohne Lemberg mit aufzuführen! Erstens wegen der landschaftlichen Schönheit des Ortes und seiner Umgebung. Zweitens deshalb, weil dort ein mustergültiges Orts-Wandernetz besteht.
Und drittens aus moralischen Gründen.
Denn die Tochter hat im Verlauf der Jahrhunderte die Mutter überflügelt. Auf einer alten Pfalzkarte von 1681 erscheint in dieser Gegend als Hauptort noch „Lymberg" mit einem untergeordneten Dorf „Birmasen". Durch das Aufkommen der Schuhmode haben sich die Verhältnisse inzwischen umgekehrt. Wer also Wiedergutmachung treiben und sich dabei in den Genuß einer leichten und angenehmen Wanderung setzen will, fahre von Dahn zunächst in Richtung Hinterweidenthal und nach einigen Kilometern an der Straßengabelung links ab in Richtung Salzwoog. Von diesem Ort aus folgen wir der Straße in Richtung Pirmasens und sind bald in Lemberg.

Auf der charakteristischen Straßenkuppe mitten im Dorf wird zwischen den Gasthäusern „Post" und „Pfälzerwald" nach rechts eingebogen. Wir kommen mit dem Wagen an der Kirche vorbei und verfolgen die Straße über die am Ortsrand stehenden Häuser hinaus bis zum links liegenden Naturpark-Parkplatz unterhalb der Burgruine Lemberg. Nunmehr orientiert man sich an der dortigen Wandertafel und schlägt die mit der Nummer 3 gekennzeichnete Richtung über den Langenberg zum Maiblumenfelsen ein.

Am Beginn der Wanderung steht links oben als markantes Wegzeichen an einer Bergecke der Rabenfels mit seiner geländergeschützten Plattform. Nach Passieren eines felsigen Hohlwegs bringt uns die Dreier-

Markierung, später verstärkt durch die gelbe Scheibe, an der Bergflanke unterhalb des Rabenfelsens vorbei. Die zahlreichen dort verstreut herumliegenden Sandsteintrümmer sind übrigens noch recht jungen Datums: Nach dem kalten Winter 1962/63 mußte ein Teil des Felsens wegen starker Frostschäden und da-

durch bedingter Einsturzgefahr leider gesprengt werden.
Der Wanderweg führt nun mit leichten Steigungen durch den Wald, wobei man hinter einer hölzernen Schutzhütte etwas aufpassen muß, in einer starken Stunde, zuletzt auf dem schmalen Grat des Waldberges, hinüber zum Maiblumenfelsen. Die beiden Gipfelplattformen (die hintere mit Bank und trigonometrischem Punkt) lassen sich über einige abenteuerliche Passagen ohne Mühe besteigen. Von ihnen aus hat man einen überraschend schönen Blick auf das Waldmeer zwischen Pirmasens und Dahn. Außer dem Rauschen der Wipfel hört man hier oben kaum etwas. Im Sommer umschwirren Bienen die Erika-Stauden, ab und zu huscht eine Eidechse über die Felsplatten, und man kann sich der eigenartigen Stimmung dieses einsam-romantischen Plätzchens kaum entziehen.
Schließlich wenden wir uns doch dem Rückweg zu, der normalerweise aus dem Herweg besteht, was den Vorteil hat, daß man gleich wieder beim Wagen ist. Strategisch Veranlagte können ihn auch während der Wanderung von Lemberg nach Salzwoog beordern und dann vom Maiblumenfelsen, dem gelben Punkt weiterfolgend, dorthin absteigen.

Wandervorschlag 61

Burg Lemberg
und Vorburg Ruppertstein

Ausgangsort: Lemberg
Gehzeit: 2 Stunden
Einkehr: Lemberg
Anfahrt: MA-LU 100 km

Die Anfahrt vollzieht sich genauso wie bei der Wanderung zum Maiblumenfelsen (Wandervorschlag 60) mit dem Unterschied, daß wir bereits am Parkplatz das Hinweisschild der Lokalnummer 5 finden, die später durch einen roten Kegel ergänzt wird.

Hinter diesen Zeichen verbirgt sich eine einstündige Genußwanderung zu einer schönen Aussichtskanzel. Der Weg zieht fast eben oder allenfalls in Steigungen, die auch für schwache Wanderbeine erschwinglich sind, durch Buchen-Hochwald an der Felsmauer der Ringsteine entlang seinem schon von weitem erkennbaren Ziel entgegen.

Dieses Ziel wird nun mit jedem Meter Annäherung interessanter.

Denn es besteht aus dem Riesenspielzeug zweier Sandsteintische mit meterdicken Tischplatten, die zum Teil so stark überstehen, daß man nur mit einem leichten Schauder darunter durchgeht.

Auf dem größeren Tisch stand von 1200 bis 1689 sogar eine Vorburg vom Lemberg, der Ruppertstein. Zunächst genießen wir von der unten aufgestellten Aussichtsbank den Blick hinunter auf das Dorf Ruppertsweiler. Dann geht es über das zwar originelle, aber leider nicht mehr originale Treppenhaus hinauf auf das Plateau. Schwindelige wollen sich bitte am Geländer festhalten!

Von oben ergibt sich eine zwar durch die Flanke des Langenberges etwas eingeschränkte, aber doch wun-

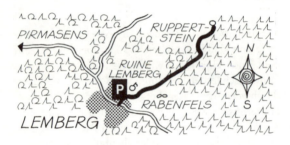

derschöne Aussicht über die blauen Wasgaukuppen bis hinüber zum Trifels.

Wer sich satt geschaut hat, darf ganz gemütlich wieder zum Ausgangspunkt zurückwandern. Und wer sich unterwegs Gedanken darüber macht, daß man bei so vielen der hier beschriebenen Südpfalzwanderungen eine Burg vor oder hinter sich hat – heute sogar beides –, dem sei zur Erklärung gesagt, daß es in der ganzenzen Pfalz über 200 ehemalige Burgen gibt, dazu noch über 100 ehemalige Klöster. Ganz abgesehen von den

Felsburg Ruppertstein

Tausenden gesprengter Westwallbunker, die ja im Grunde ebenfalls gleichberechtigte, wenn auch geschichtlich jüngere Zeugen der Vergangenheit sind. Einen wesentlich älteren Geschichtszeugen haben wir in den Ruinen der Burg Lemberg vor uns. Um 1200 erwarb der Graf von Zweibrücken sowohl Lemberg als auch den Ruppertstein von der Abtei Hornbach und errichtete beide Burgen zum Schutze der Grenzen seiner Grafschaft.

Im Dreißigjährigen Krieg und dann noch einmal im französischen Revolutionskrieg wurde die Hauptburg gründlich zerstört. Inzwischen haben sich die Gemeinde Lemberg und der Pfälzerwald-Verein mit großem Arbeitsaufwand bemüht, durch Ausgrabungen und Restaurierungen etwas von der alten Anlage sichtbar zu machen.

Ein ausgegrabener alter Stollen wurde dabei als Burgschänke ausgebaut.

Wandervorschlag 62

Von Lemberg über die Rotenbergfelsen zu Keims Kreuz

Ausgangsort: Lemberg
Gehzeit: 2–3 Stunden
Einkehr: Lemberg
Anfahrt: MA-LU 100 km

Wenn wir mit dem Maiblumenfelsen sowie den Ruinen Lemberg und Ruppertstein die rechts der Landstraße liegenden Wanderziele entdeckt haben, dann können wir an der ebenso schönen anderen Hälfte des Lemberger Wandergebiets links der Straße einfach nicht vorbeigehen!

Ausgangspunkt unserer heutigen Forschungsreise ist wieder die charakteristische Straßenkuppe mitten in Lemberg. Von ihr aus fahren wir jetzt durch die leicht ansteigende Glashütterstraße 120 m weit bis zu einem Parkplatz und gehen von dort aus zu Fuß durch die gleiche Straße weiter, bis sich die Ziffern 1 und 6 des örtlichen Wanderwegenetzes einstellen.

Mit ihnen passieren wir die Ortsgrenze. Einige Meter hinter dem letzten Haus leitet nach links ein Fußpfad zur Anhöhe der Rotenbergfelsen. Er stößt nach kurzer Zeit auf den breiten Hauptweg, der uns zum Beginn der ersten Felswand bringt.

Aktive Naturen wählen den direkt über die Felsen führenden, leichten Pfad, passive dagegen den an den Felsabbrüchen vorbeiführenden Weg. Das Erlebnis ist in beiden Fällen gleich eindrucksvoll. Oben geht es mehrmals über Stein- und Knüppelstufen zwischen Felsblöcken hindurch.
Ein Intermezzo durch lichten Buchenwald führt uns

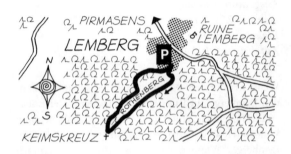

anschließend zur zweiten Rotenbergfelswand mit den gleichen Möglichkeiten. Höhepunkt dieser Pfälzer Gratwanderung ist dann der versicherte Aussichtsgipfel mit Ruhebänken, von dem aus allerdings rein gar nichts zu sehen ist – wenn einem der Blick für die zauberhafte Schönheit des südpfälzischen Waldgebietes fehlt.
Hinter dem Aussichtspunkt führt der Weg dann wieder nach rechts hinunter. In Schleifen mit dem Wegzeichen 1 kommen wir zur Talsohle und treffen dort auch unsere 6 wieder an, die uns – zunächst nach links – für den Rest der Wanderung leiten wird.

Beim Weitergehen schauen wir immer wieder hinauf zum weiterziehenden Rotenberg, bis er später mit einem großen Pilzfelsen, einem sogenannten Teufelstisch, effektvoll abbricht.
Der Weg führt an dieser Stelle in den Wald und liefert uns kurze Zeit später an seiner Wendemarke, an Keims Kreuz ab.
Ein altes Holzkreuz und die Inschrift auf einem daneben liegenden Stein erinnern an einen 1870 an dieser Stelle begangenen Mord.
Wer müde ist, darf sich auf der Bank ausruhen und anschließend den Sechserweg in Ankunftsrichtung zurückgehen, selbstverständlich ohne den nochmaligen Abstecher über die Rotenbergfelsen. Wer noch frisch ist und gerne rundwandert, steigt in die kleine Schlucht hinter dem Kreuz ab und erreicht auf anderen Wegen über den Moosbachweiher wieder den Ausgangsort Lemberg.

Wandervorschlag 63

Vom Isenach-Weiher nach Hertlingshausen

Ausgangsort: Bad Dürkheim
Gehzeit: 4 Stunden
Einkehr: Hertlingshausen
Anfahrt: MA-LU 35 km

Jedermann kennt den Isenach-Weiher in der Pfalz. Für die wenigen Ausnahmen von dieser Regel sei gesagt, daß man, um dorthin zu gelangen, mit dem Auto von Bad Dürkheim auf der B 37 nur etwa 12 km durch das Isenachtal zu fahren braucht, bis hinter dem Gasthaus zum Wolfental eine deutlich gekennzeichnete Straße nach rechts abbiegt.
Eine Försterei, ein Gasthaus und ein künstlich angestauter See vereinigen sich zu einem zweifellos idyllischen, wenn auch speziell bei schönem Wetter nicht gerade stillen Ausflugsort. Auf dem Parkplatz haben die Pfälzer Rundfahrten-Busse gewissermaßen einen zweiten Wohnsitz, ihre Insassen sorgen im Gasthaus für schnellen Kuchen-Umschlag, und auf dem Weiher demonstrieren Jünglinge in nur leicht verspritzten Sonntagsanzügen am Ruder des Mietkahns männliche Kraft und Sportgeist, während ihre im Heck sitzende Angebetete zwischen Bewunderung und Angst hin- und herschwankt.

Die fortgeschrittenen Ruderer befahren dagegen meist den schmalen, waldumsäumten Arm des Weihers, und auch wir müssen, rechts oder links um das Gewässer herum, dorthin kommen. Unter den am Ende des Weiherarms zusammenlaufenden Wanderzeichen sucht man sich das grüne Kreuz aus und steigt mit ihm an einem kleinen Bachlauf hoch.

Das grüne Kreuz ist am heutigen Tage Symbol für Na-

turschönheit: Es zeigt hübsche Ausblicke in das Isenachtal, führt am Hang an der eindrucksvollsten einzelstehenden Kiefer der Pfalz vorbei, bringt uns aber auch durch finsteren Wald und nasse Winkel, bis es

dann oben an der Kohlbrunnenhütte seine Leitstern-Funktion an die vom Rahnfels herüberkommende weiße Scheibe abgibt.
Nun folgt nach links eine zahme Gratwanderung. Wem sie zu zahm ist, der kann einen Abstecher auf den

Isenachweiher mit Forellenhaus

rechts vom Weg sichtbaren, zackigen Gipfel des Steinkopfs riskieren und kommt dort voll auf seine Abenteuer-Kosten.
Als nächster Punkt ist auf der Landkarte der 401 m hohe Kieskaut-Berg angekündigt. Um das Gipfelgefühl richtig auskosten zu können, muß man allerdings

wissen, daß die Bergspitze nur eine bessere Wegkuppe ist. Zur Vorsicht wurde sie deshalb mit einem Stein gekennzeichnet.

Kurz vor dem Gipfel hat auch die Wegmarke erneut gewechselt: Wo die weiße Scheibe nach rechts abgeht, vertrauen wir uns geradeaus ihrer grünen Kollegin an. Die grüne Scheibe übernimmt es dann, uns über eine Steinhütte, das sogenannte Sauhäuschen, nach Hertlingshausen zu führen.

Hertlingshausen hat 628 Einwohner, die Ruine eines Nonnenklosters und mehrere Einkehrmöglichkeiten. Der Rückweg zum Isenach-Weiher ist wesentlich kürzer und bequemer. Man benutzt diesmal den blauen Punkt und verläßt das Dorf ziemlich rechts. An Holzschlägen vorbei und über eine bewaldete Hochebene wird zunächst ein unterhalb des Ringelsteins verlaufendes Waldtal gewonnen, das später in das wasserreiche Isenachtal übergeht.

Ab dort machen wir es dem Bache nach, suchen die Einmündung in den Weiher und stellen dort angekommen fest, daß sich wieder ein Wanderkreis geschlossen hat.

Bei der abschließenden Schlußrast sollte man es aber angesichts so vielen Pfälzer Wassers am heutigen Tag doch lieber mal mit Pfälzer Wein versuchen!

Wandervorschlag 64

Die Umrundung des Stüterkopfes

Ausgangsort: Bad Dürkheim
Gehzeit: 2 Stunden
Einkehr: Waldgasthaus Saupferch
Anfahrt: MA-LU 35 km

Die folgende Rundtour ist eine Schwester des Wandervorschlags 6. Beide haben die gleiche Anreise, den gleichen Parkplatz und das gleiche Rasthaus, und beide führen durch das Waldgebiet am Drachenfels.
Aber es sind doch sehr ungleiche Schwestern. Wie manchmal auch im Leben, stellt sich die Erstgeborene (Nr. 6) als die attraktivere, die ehrgeizigere, die stärker Wirkende dar, während die hier beschriebene Nachgeborene etwas im Schatten steht, stiller, vielleicht aber auch lieblicher ist.
Trotzdem wird wieder, genau wie im Leben, letzten Endes jede den ihr gemäßen Liebhaber finden.
Um Ihnen die Möglichkeit zu geben, einer von beiden Ihre größere Zuneigung zu schenken, möchten wir die Alternativwanderung am Drachenfels wie folgt beschreiben:
Die Anfahrt erfolgt, wie beim Vorschlag 6, über Dürkheim zum Parkplatz am Waldgasthaus Saupferch. Heute kommen wir aber gar nicht erst in Versuchung, dort vorzeitig hängen zu bleiben, denn die gelbe

Scheibe leitet uns fürsorglich schon direkt ab Parkplatz in entgegengesetzter Richtung zum Wald.
Der am Anfang sehr schmale, gewundene und stets ansteigende Pfad entführt einen alsbald in die Einsamkeit. Nach einer halben Stunde kommt ein Waldplatz mit Hochsitz, an welchem bei näherem Hinsehen noch einige Ruinen des früher dort befindlichen, inzwischen verfallenen Stüterhofes zu entdecken sind.
Es geht leicht steigend nach links weiter, bis der Wanderpfad sowohl in seiner Höhenlage als auch in der horizontalen Entfernung nicht mehr weit weg ist vom genau 486 Meter und 20 Zentimeter hohen Stüterkopf.

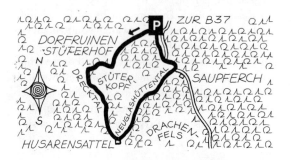

Ab dort wendet sich der Weg fast dramatisch wieder nach unten und erreicht an einer Forststraße rasch seinen tiefsten Punkt.
Die Straße verläuft übrigens in einem Grund, der schwer an seinem unverdienten Namen „Dreck-Tal" trägt!

Wo der Wanderweg auf die Forststraße trifft, gibt man die gelbe Scheibe zunächst ersatzlos auf und wendet sich unmittelbar nach links. Der anfänglich vertrauenerweckende Straßenbelag wird jedoch immer schlechter, der Weg schmaler und das Drecktal enger, bis nach etwa einer halben Stunde ein Bergriegel vorspringt und den Weg kategorisch zu einer starken Rechtswendung zwingt. Wir machen sie indessen nicht mit, sondern steigen, zum Teil sogar weglos, nach links hoch auf die Ecke eines dort, am Husarensattel, stehenden Tannenwaldes. Hier befindet sich, was in der meistens unübersichtlichen Pfälzer Waldlandschaft immer eine gewisse Erleichterung mit sich bringt, auch wieder ein Wegzeichen, nämlich die rote Scheibe.

Der Rest ist einfach. Die rote Scheibe spielt nach links den Lotsen durch den Tannenwald, vermittelt am Gegenhang einen herrlichen Schrägabstieg in einen weiteren Grund, das Neu-Glashüttental, und dort verbürgen sowohl der hinzukommende blau-weiße Strich als auch die Anzahl der talabwärts strebenden Spaziergänger, daß wir hier absolut auf dem richtigen Wege zurück zum Ausgangs-Parkplatz am Waldhaus sind.

Wandervorschlag 65

Vom Forsthaus Rotsteig auf den Eckkopf

Ausgangsort: Wachenheim
Gehzeit: 2–3 Stunden
Einkehr: Forsthaus Rotsteig
Anfahrt: MA-LU 30 km

Die Forsthäuser Lindemannsruh und Rotsteig, beide bei Bad Dürkheim gelegen, zählen zu den beliebtesten Ausgangsbasen für sonntägliche Auto-Kurztouristen aus dem Rhein-Neckar-Raum.
Bei einem Vergleich erscheint die Anziehungskraft des Forsthauses Rotsteig, zu welchem von Wachenheim aus eine am nördlichen Ortsende beginnende Stichstraße durch das Wachenheimer oder Burgtal führt, sogar noch etwas stärker. Dafür sind nicht nur die Möglichkeit einer Mini-Wanderung hinüber zum Niederkirchener Forsthaus im Silbertal, der etwas weitere Gang zum Waldhaus Lambertskreuz auf einem Höhenweg um das Gehege herum, oder, für Kenner, der zauberhafte Spazierweg hinüber zum Waldpaß des Weißen Stein oberhalb des Naturfreundehauses im Pferchtal verantwortlich, sondern neuerdings auch die Einrichtung des Hochwild-Schutzparkes Kurpfalz. In ihm können Sie – gegen Eintritt – auf zwei Rundwegen Rot- und Sikawild, Damwild, Wisente, Elche, Muff-

lons und Wildschweine sowie Gebirgs- und Wasserwild beobachten.

Last, not least ist das Forsthaus aber auch Ausgangspunkt unserer heutigen Absicht, den 516 m hohen Eckkopf zu besteigen. Dabei handelt es sich im Gegensatz zu den an sich interessanten Wildpark-Rundgän-

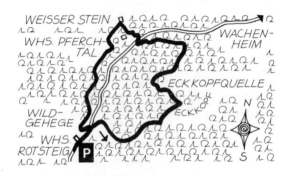

gen doch schon um ein mittleres Unternehmen, bei dem sich schnell die Spreu der Stöckelschuhe und Sonntagsanzüge vom Weizen des echten Wander-Erlebnisses scheidet.

Es geht ab Parkplatz los mit einem Wanderzeichen: Der rot-weiße Strich bringt uns nach rund eineinhalb Kilometern zum Weißen Stich.

An diesem Kreuzweg lassen wir alle weißen, roten, blauen und gelben Striche ihres Weges ziehen und schließen uns der roten Scheibe an, die einem, nachdem die Hauptsteigung bereits auf der ersten Etappe geschafft wurde, in einer gemütlichen halben Stunde hoch zum Eckkopfgipfel bringt.

Er läßt sich vom Forsthaus Rotsteig aus auch als Direttissima, das heißt unter Auslassung des Weißen Stichs, mit dem roten Dreieck erreichen.

Lange ist es in der Gipfelhütte allerdings nicht auszuhalten, denn die Aussicht vom neuerbauten Turm ist

Hochwild-Schutzpark

zu verlockend: Wie von einer Fürstenloge im Hoftheater blickt man auf die Vorderbühne, den engeren Sektor des Weinstraßen-Gebirgsrandes zwischen Wachenheim und Deidesheim; an klaren Tagen geht der Blick gleichzeitig weit in die Kulisse, über die Vorderpfalz, die beiden Industriestädte hinweg bis zum gegenüberliegenden Gebirgsrand des Odenwaldes.

Für den Abstieg wählen wir zunächst das Wanderzeichen des weißen Dreiecks. Es bietet den Vorteil, daß ein Verdursten auch bei höheren Temperaturen vollständig ausgeschlossen bleibt. Zuerst kommt nämlich, mitsamt einer kleinen Anlage, die Eckkopfquelle, dann geht es über den Brunnenberg, und unten an der erwähnten Stichstraße befindet sich nochmals der Hahnenbrunnen.

Wer beim Trinken die Kohlensäure vermißt, darf vom Hahnenbrunnen aus (rechts herum) zum Oppauer Naturfreundehaus im Pferchtal pilgern. Von dort steigt man später am besten zum Weißen Stein hoch und kehrt nach links mit weißem Strich und schwarzem Punkt über die Gegenhöhe nach Rotsteig zurück.

Die genügsameren Durststiller nehmen am Hahnenbrunnen als neues Wegzeichen nach links den gelben Strich auf und kehren im Burgtal, um diese Tageszeit meistens gegen den Strom der auf der nahen Talstraße zurückflutenden Autos, zum eigenen Vehikel zurück.

Wandervorschlag 66

Zur Deidesheimer Hütte

Ausgangsort: Deidesheim
Gehzeit: 2 Stunden
Einkehr: Deidesheimer Hütte
Anfahrt: MA-LU 30 km

Diese Wanderung eignet sich nicht für Kilometerfresser. Anfänger, Wiederanfänger mit kleineren Kindern, Rekonvaleszenten, ältere Menschen und darüber hinaus auch alle Pfalz- und Wander-Begeisterten werden dagegen an dem kleinen Rundkurs sicher ihre Freude haben.
Die Auto-Anfahrt ist zunächst die gleiche wie bei dem Wandervorschlag 8 (siehe Seite 43). Wo wir aber dort den Wagen hinter dem Gatter am Beginn des Waldes abstellten, fährt man jetzt, gutmütige Stoßdämpfer vorausgesetzt, weiter hoch zum ausgeschilderten Sportplatz auf dem Wallberg bei Deidesheim. Auf diesem Berg steht ein Ehrenmal für die im Ersten Weltkrieg gefallenen Turner des Pfalzgaues. Von der Talseite des Platzes aus ergibt sich ein hübscher Blick auf Deidesheim und die Rheinebene.
Sportenthusiasten kommen an diesem Ausgangspunkt allerdings gelegentlich in Kollision, nämlich dann, wenn dort eine Fußballveranstaltung stattfindet. Denn gerade die Spiele der Landvereine in den unteren Klas-

sen werden von Fachleuten gerne angesehen – nicht
etwa deshalb, weil dabei, wie die Fama behauptet,
nach allem getreten wird, was sich bewegt, sondern
weil vielfach noch mit viel mehr Begeisterung, Einsatz
und auch Härte gekämpft wird als unter den Fußball-
stars der oberen Ligen. Für hartnäckige Fälle sei den
Frauen, Bräuten und Freundinnen der Möchte-gern-
Fußballer die List verraten, zunächst Interesse zu mi-

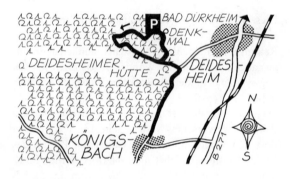

men und in der Pause dann überfallartig auf Abmarsch
zu drängen. Die 15 Minuten reichen zeitlich gut aus,
um mit der lokalen Wandernummer 4 (schwarz auf
weißer Scheibe) über das Ehrenmal dem Bannkreis des
Sportes zu entfliehen.
Auf gewundenen, meist abwärts führenden Waldwe-
gen sind wir nach einer guten halben Stunde an einer
kleinen Anlage mit einer Waldschenke, der Deides-

heimer Hütte des Pfälzerwald-Vereins. Hier ist gut sein: Man kann sich in die Hütte setzen, sogar in eine Waldhexen-Stube, die Familie kann sich aber auch an den Tischen und Bänken im Freien niederlassen, während Vater den Oberkellner markiert und den Seinen ausnahmsweise höchstderoselbst Essen und Trinken serviert. Bei den Kindern „rutscht" es hier erfahrungsgemäß immer besonders gut, denn die in der Nähe stehenden diversen Schaukeln üben eine unwiderstehliche Anziehungskraft aus.

Die Waldschenke liegt im Maden- oder Martental, das wir anschließend abwärts mit dem blau-gelben Wanderzeichen etwa einen Kilometer weit verfolgen, bis am Gebirgsrand ein kleines Wasserwerk am Wege liegt.

Dort gilt dann der alte Ratespruch: Rechts oder links? Wer nicht mehr als die kleine Rundtour machen möchte, wähle links und steige mit dem weißen Dreieck wieder hoch zum Ausgangspunkt. Aber bitte in aller Ruhe, denn die zweite Halbzeit ist ohnehin längst zu Ende.

Wem es dagegen auf ein paar Kilometer mehr oder weniger nicht ankommt, der kann noch den Gang nach Königsbach und zurück einschieben. In diesem Falle wählt man rechts und begibt sich alsbald mit dem roten Strich über die Gaststätte „Pfalzblick" auf die Reise nach Königsbach.

Das wäre übrigens, ob man will oder nicht, fast eine künstlerische Wallfahrt. Denn eines der ersten Häuser in Königsbach ist der Hobby-Wohnsitz einer Primadonna, der Kammersängerin Erika Köth.

Wandervorschlag 67

Über den Stabenberg

Ausgangsort: Gimmeldingen
Gehzeit: 2–3 Stunden
Einkehr: Gimmeldinger Tal
Anfahrt: MA-LU 35 km

Das Mußbach- oder Gimmeldinger Tal ist ein geradezu klassischer Sonntag-Nachmittag-Spaziergeh-Bezirk mit einer ganzen Perlenkette von Gastwirtschaften: Vordere Talmühle, Wirtshaus zur Loog, Forsthaus Benjental, Niederkirchener Forsthaus im Silbertal.
Das Tal ist aber gleichermaßen auch ein Sesam-öffne-Dich für Pfalzwanderungen: An seinem Ausgang zur Rheinebene zieht die Weinstraßenroute mit dem roten Strich durch das Rebengelände, und am Ende des Silbertals gewinnt man Anschluß an den weißen Strich mit schwarzem Punkt, den Führer auf der großartigen Wald- und Bergwanderung von Neustadt nach Bad Dürkheim.
Nun gibt es aber auch Leute, denen die schiere Tal- und Wirtshausbummelei zu wenig und die Durchquerung der halben Pfalz zu viel ist. Ihnen bietet sich im Gimmeldinger Tal die Möglichkeit des goldenen Mittelweges nach der Formel: Aufstieg, Abstieg, Talspaziergang.

Fahren Sie zu diesem Zweck bitte durch Gimmeldingen und am Sportfeld vorbei ins Mußbachtal bis zum Parkplatz an der Vorderen Talmühle. Dort geht es auf einem Steglein über den Bach, in Serpentinen hoch und dann mit dem rot-weißen Strich noch weiter am Hang hinauf.

Der Weg zum 496 Meter hohen Staben- oder Steffenberg zieht sich, wie man so sagt. Aber er ist so schön, daß er eigentlich gar nicht lang genug sein kann: Wald und Weg wechseln ihre Formen, einmal kommt man an einer Felsplatte mit Inschriften vorbei, ein anderes Mal muß ein Steilstück erklommen werden, und zum Schluß hofft man auf einem breiten Waldweg, daß es

nun wirklich nicht mehr weit sein könne bis zum Gipfel.

Diese Hoffnung wird jäh zerstört, wenn wir am Ende dieses Weges erkennen müssen, daß auf dem bisher erstiegenen Berg nochmals ein anderer Berg steht – eben der Stabenberg!

Die Enttäuschung wird etwas gemildert durch eine am Beginn des letzten Aufstiegs stehende Bank. Nach der Rast sind es dann wirklich nur noch zehn Minuten bis zum Endziel.

Oben steht übrigens kein Turm, sondern eine schöne Warte, 1904 für genau 1725 Mark erbaut, 9 Meter hoch, mit Außentreppe und Unterstand, wie sie in der Pfalz in ähnlicher Form nur noch auf dem Hohenberg bei Annweiler zu finden ist.

Die Aussicht vom Stabenberg, bei schönem Wetter wohl eine der eindrucksvollsten am Gebirgsrand, müssen Sie selbst erleben.

Die örtliche Markierungsziffer 2 bringt uns nach der Gipfelrast auf dem kürzestmöglichen Weg wieder so ins Gimmeldinger Tal zurück, daß wir den versprochenen Tal-Spaziergang anschließend noch vor uns haben.

Vor etwa 120 Jahren war dieser Abstieg nicht ganz so ungefährlich wie heute. Denn er führt am Hohen Felsen vorbei, und dort hielten sich im Revolutionsjahr 1848 die Deidesheimer Freischärler vor der herrschenden Macht versteckt.

Am Forsthaus Benjental erreichen Sie dann wieder die Anschlüsse an Tal, Gastronomie und Spaziergänger. Wer mag, kann von hier aus noch hinaufsteigen zum Niederkirchener Forsthaus im Silbertal. Die anderen begleiten zum schönen Ausklang dieser Wanderung den Mußbach auf seinem Weg in die Ebene bis zur Vorderen Talmühle, wo auch wieder der Wagen steht.

Wandervorschlag 68

Forsthaus Heldenstein und Schuhmacherstiefel

Ausgangsort: Helmbacher Sägemühle
Gehzeit: 4 Stunden
Einkehr: Forsthaus Heldenstein
Anfahrt: MA-LU 45 km

Der Geheimtip-Charakter dieses letzten Wandervorschlags kompensiert mühelos die im Vergleich zu den anderen Wanderungen dieses Abschnitts etwas längere Anfahrt. Streng genommen, hört sie schon in Neustadt, spätestens aber in Frankeneck am Eingang zum Elmsteiner Tal auf, denn die Fahrt durch dieses Glanzstück des Pfälzerwaldes mit der grandiosen Ruinen-Silhouette der Spangenburg ist schon mehr Lohn als Mühe.

An der Helmbacher Sägemühle blinkern wir nach links und sind eine Minute später bereits am Forsthaus Helmbach, unserem heutigen Startplatz. Dort schließt man sich dem Wanderzeichen des gelb-weißen Striches an, läuft einige Meter in Ankunftsrichtung über ein Brückchen zurück und biegt nach rechts in das Tal des Kohlbächels ein.

Nach einigen hundert Straßenmetern, an einem kleinen Weiher, dirigiert einen der gelb-weiße Strich nach links in ein noch kleineres Tälchen.

Das Flach- wandelt sich zum Hochufer, der Weg entfernt sich immer weiter vom Bach und führt durch ein herrlich einsames Waldgebiet. Wo das Tal zu Ende geht, einigen sich Weg und Bach wieder auf die gleiche Höhe.

An einem Hochsitz geht es dann ein kurzes Stück nach links, und oben beginnt, wieder nach links, der Auf-

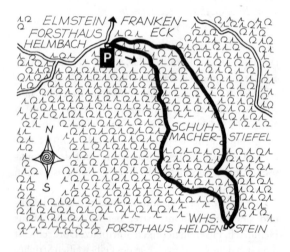

stieg, bei dem so gar nicht abzusehen ist, wo er uns überhaupt hinbringen will.

Zum Ausgleich für diese Unsicherheit genießen wir später nach links mehrmals schöne Ausblicke in ein verwunschenes Waldtal.

Allerdings erfordert auch der Weg etwas Aufmerksamkeit, denn im oberen Teil verschwindet das Wegzeichen des gelb-weißen Striches über einen ganz schmalen Pfad nach rechts in den Wald.
Es wird dort zwar ein bißchen steil, aber dafür entdecken wir auch bald die verheißungsvollen Umrisse eines Gebäudes zwischen den Bäumen: Das Forsthaus Heldenstein, das bereits im Wandervorschlag 16 Erwähnung findet.
Nach der Rast kommen die gefährlichsten hundert Meter des heutigen Tages: Der kurze Gang auf dem flachen Teil der Autostraße, auf der sich besonders an schönen Sonntagen die Wagen drängeln. Bereits am Forsthaus haben wir die weiße Scheibe als neue Wegmarke aufgenommen, die uns glücklicherweise bald auf einen für Autos gesperrten Waldweg und damit in Sicherheit bringt.
Auf ihm kommen wir zum stillen Waldplatz des Schuhmacherstiefels mit einer Sandsteinplatte, auf der tatsächlich ein Stiefel eingemeißelt ist. Es handelt sich dabei um einen sogenannten Ritterstein, wie sie um 1900 von Pionieren des Pfälzerwaldvereins an allen markanten Punkten aufgestellt wurden. Hier wechselt man letztmals das Wegzeichen und gerät mit dem grüngelben Kreuz erneut in die Waldeinsamkeit. Hinter einem etwas unübersichtlichen Hohlweg begibt sich das Zeichen später wieder auf eine Waldstraße. Wo der Blick ins Tal frei wird und eine eingezäunte Schonung auftaucht, sind nun wahrhaft Indianeraugen notwendig, um die dort beginnende Abzweigung des Pfades nach links zu erspähen. Hat man diese Stelle

aber erst einmal gefunden, dann beginnt das reine Vergnügen: Der unentwegt den Hang querende Karl-May-Pfad durch Unterholz und Tannendickicht mit schönen Talblicken.

Eine letzte und höchste Steigerung ergibt sich, wenn das Pfädchen eine steile Reiße mit Sandsteintrümmern quert und damit zweifellos einen der schönsten Punkte der Pfalz berührt.

Von dort aus geht es immer weiter abwärts, bis man schließlich aus dem Wald tritt und überraschenderweise fast direkt vor dem Wagen steht.

Register

Wander-
vorschlag

Adelsnadel	51
Albersweiler	22
Altleiningen	3
Altschloßfelsen	53
Anebos	24
Annweiler	24, 25
Annweiler Forsthaus	26
Asselstein	43
Bad Bergzabern	46
Bad Dürkheim	4
Beckenhof, Forsthaus	36
Benjental, Forsthaus	67
Bergstein	9
Berwartstein	48
Bethof	46
Birkenhördt	46, 47
Blättersberg	15, 17
Blumenstein	52
Böllenborn	45
Breitenstein, Forsthaus	14
Bundenthal	49
Burgtal bei Wachenheim	65
Burrweiler	17
Busenberg	59
Clausen	35
Dahn	54–57
Dannenfels	1
Deidesheim	8, 66
Deidesheimer Hütte	66
Diana-Bild	53
Dicke Eiche, Waldplatz	5

Wander-
vorschlag

Diemerstein 7
Dimberg 44
Dörrenbach 45
Drachenfels (Bad Dürkheim) 6, 11
Drachenfels (Busenberg) 59
Drei Buchen, Waldplatz 21
Drei Eichen (Bad Dürkheim) 4
Drei Eichen (Dörrenbach) 45
Dreiherrnstein 32
Dursteine 56
Eckkopf 65
Edenkoben 15
Einöd 40
Elmsteiner Tal 14, 18, 68
✗ Eppenbrunn C.A.F.E. L.A.N.D. H.A.U.S 53
Erfenstein 14
Erfweiler 58
Erlenbach, Dorf 18
Erlenbach, Forsthaus 7
Erlenbrunn 37
Eschbach 41, 42
Eschkopf 20
Esthal 12, 18
Falkenburg 29
Falkenstein 1
Felsentor 36
Fleckenstein 50
Flörsheim 19
Frankenstein 7
Frankweiler 21
Freinsheim 3
Friedrichsbrunnen 11
Frönsburger Raubritternest 51
Geilweiler Hof 21
Gerspachtal 38
Gimbelhof 50
Gimmeldingen 67
Gimmeldinger Tal 67
Glasbachtal 7

Wander-
vorschlag

Glashütte	37
Glastal	58
Göllheim	2
Göllheimer Häuschen	2
Goldbrunnen	12
Gossersweiler	44
Gräfenstein	31
Grünstadt	3
Guttenberg	45
Haardt bei Neustadt	9
Hahnenbrunnen	65
Hahnsteine	43
Hambach	13
Hambacher Schloß	13
Hardenburg	5
Hauenstein	28, 58
Heidelsburg	35
Heidenbrunnen	12
Heidenkammern	59
Heidenlöcher	8
Heidenschuh	42
Heldenstein, Forsthaus	16, 68
Hellerplatz	10, 14
Helmbach	68
Hermersberger Hof	32
Hertlingshausen	63
Hilschweiher	15
Hinterweidenthal	30, 31
Hirschalbklamm	34
Hirschtal	51
Hirzeck-Hütte	47
Höningen	3
Hofstätten	26
Hohe List	37
Hohe Loog	13
Hohenburg	50
Hohfels	9
Hohle Felsen	57
Hornbach	39

271

Wander-
vorschlag

Hubertusfelsen 33
Hüttenbrunnen 15
Iggelbach 18
Isenachtal 7
Isenachweiher 63
Isselmannsteine 44
Johanniskreuz 18–20
Jüngstberg 49
Jungfernsprung 54
Kästenburg 13
Kalmit 14
Kaltenbach 30, 31
Kaltenbrunner Hütte 10
Karlstal 19
Kehrdichannichts, Forsthaus 5, 11
Keims Kreuz 62
Kieskautberg 63
Klein-Arnsberg 51
Klein-Frankreich 48
Klingenmüster 42
Klumpenfelsen 37
Königsbach 66
Königsberg 10
Königsmühle 10
Königstuhl 1
Kohlbrunnenhütte 63
Kropsburg 15
Lämmerfelsen 56
Lambertskreuzhütte 11, 65
Lambrecht 18
Landau 23
Landauer Hütte 21, 22
Landeck 42
Lauterschwan 48
Leimen 32, 33
Leiningerland 3
Leinsweiler Hof 25
Lemberg, Dorf 60–62
Lemberg, Ruine 61

272

Wander-
vorschlag

Lindelbrunn	46
Lindenberg	9
Löwenstein	50
Lolosruhe	16
Ludwigshöhe	15
Ludwigsturm (Donnersberg)	1
Ludwigsturm (Weyher)	15, 17
Ludwigsthal	37
Lützelhardt	51
Lug	44
Luitpoldturm	32
Madenburg	41
Magdalenenhof	42
Maiblumenfels	60
Maimont	52
Maikammer	14
Madental (Martental)	66
Marthaquelle	42
Martinsturm	42
Maxburg	13
Meistersel	21
Merzalber Schloß	31
Michaelskapelle	8
Mollenkopf	12
Modenbacher Hof	21
Morschbacher Hof	12
Mückenkopf, kleiner	57
Münzburg	24
Mundatwald	45
Murrmirnichtviel	5
Mußbachtal	67
Napoleonfels	56
Neidenfels	11, 12
Neu-Dahn	55
Neu-Dahner Weiher	55
Neu-Glashüttental	64
Neukastel	25
Neuleiningen	3
Neustadt	9, 10

Wander-
vorschlag

Nieder-Simten 38
✗ Niedersteinbach i. E. .CHEVAL BLANC................ 51
Nikolauskapelle 42
Nonnenfels 5
Nothweiler 50
Obersteinbach i. E. 51
Orensberg 22
Otto-Wendel-Turm 29
Petersbächel 52
Pferchtal 4, 65
Pirmasens 36
Pleisweiler 45
Poppental 4
Pottaschhüttte, Waldplatz 11
Rabenfels 60, 61
Ramberg 23
Ramberger Waldhaus 21
Ramburg 23
Ramsen 2
Rehberg 43
Reinighof 56
Rietburg 15
Ringelsberg (Albersweiler) 22
Ringelsberg (Leimen) 33
Rinnthal 27
Rödelstein 46
Röderhof 33
Römerfelsen 54
Rötzenberg 44
Rosenhof 39
Rosenthaler Hof 2
Rotenbergfelsen 62
Rotenstein 31
Rotsteig 4, 65
Ruppertstein 61
Saupferch 6, 64
Sausenheim 3
Schänzel-Turm 16
Schaftal 58

Wander-
vorschlag

Scharfenberg	24
Scharfeneck	21
Schaudichnichtum	5
Schlangenhöhle	40
Schorlenberg, Forsthaus	7
Schuhmacherstiefel	68
Schwarzbachtal	35
Schwarzsohl	12
Seebach	4
Seehoftal	48
Siebeldingen	21
Sieben-Röhren-Brunnen	7
Silbertal, Forsthaus	65, 67
Slevogthof	25
Spangenberg	14, 68
Stabenberg	67
St. Annakapelle (Bundenthal)	49
St. Annakapelle (Burrweiler)	17
St. Johann	22
St. Martin	15
Stäffelsberg	45
Steinkopf	63
Stephanstal (Hauenstein)	28
Stephanstal (Pirmasens)	37
Stüterkopf	64
Sühnekreuz	13
Taubenplatz	12
Taubensuhl	20
Teufelsberg	17
Teufelsfels (Gerspachtal)	38
Teufelsfels (Burrweiler)	17
Totenkopf-Hochstraße	14
Totenkopf-Hütte	14
Treitelsberg	42
Trifels	24
Trippstadt	19
Ungeheuer-See	3
Völkersweiler	44
Wachenheimer Tal	65

	Wander-vorschlag
Waldfischbach *10./11.9.86*	34, 35
Waldhambach	43
Waldstätter Schlössel	42
Wallberg	66
Wasigenstein	51
Wattenheimer Häuschen	7
Wegelnburg	50
Weidenthal	12
Weinbiet	9
Weißer Stein	4, 65
Weißer Stich	65
Wellbachtal	20, 26
Weyher	16, 17
Wieslautern	49
Wilenstein	19
Wilgartisburg	27
Wilgartswiesen	27, 29
Winterbergkapelle	58
Wörschweiler	40
Wolfsburg	9
Zeppelinbrunnen	50
Zieglertal	30, 31
Zigeunerfels	51
Zimmerplatz	21, 22
Zweibrücken	39